Hiwmor y Glöwr

Pocedlyfrau'r

Lolfa

Edgar ap Lewys

Cartŵnau/ELWYN IOAN

Rhagair

Gan fod y gymdeithas glòs, gynnes lofaol oedd unwaith yn bodoli ym mhen uchaf Cwm Tawe yn hanner cyntaf y ganrif hon yn cyflym ddirwyn i ben, oherwydd cau'r glofeydd, a rhyw fratiaith Saesneg llygredig wedi disodli'r hen ddiwylliant, mae lle i ofni bydd y dywediadau ffraeth, a'r hanes am y troeon digri, a'r tynnu coes tan-ddaear ar ddifancoll yn fuan iawn. Piti garw fydd hynny. Bydd yn gadael craith annileadwy ar hanes y fro.

O blith y lliaws o rinweddau sydd yn nodweddiadol o fywyd y glöwr, y mae ei hiwmor yn rhoi iddo enwogrwydd arbennig. Nid y wit wenwynig, sbeitlyd, ond yr hiwmor hynaws, hawddgar a chariadus sy'n cynhesu person at berson. Mi gredaf yn ddiffuant i'r ddawn arbennig hon fod yn help mawr i'r glöwr ymhob cyni, a helbul. Dengys i'w hiwmor parod fod megis llusern iddo yn nhywyllwch ei fywyd.

Ble cafwyd cymaint o ysmaldod diniwed mewn ymddiddan a thynnu coes ag yng ngweithfeydd glo Cymru? Mae hiwmor da yn ffortiwn ynddo'i hun. Faint gwerth i'r sychlyd, a'r crintach—lyd pe bai'r bydysawd yn eiddo iddo, os nad oes ganddo hiwmor, a'r ddawn i chwerthin yn iachus? Nid mewn *Stocks and Shares* y trig y bendefiges arael a elwir "Hiwmor". O'r galon y daw hiwmor, ac nid o'r banc, ac ofnir bod llawer o'r ddynoliaeth y blynyddoedd hyn yn eu harchwaeth am gyfoeth wedi colli blas ar ysmaldod a doniolwch, oedd yn nodweddiadol o'r glöwr yn hanner cyntaf y ganrif hon.

Meddai hen ddihareb Gymraeg, "Pen golau heb galon gynnes a gyfrif am lawer ffwdan". Y mae llawer iawn o wir yn hynny.

Yn rhyfedd iawn, mae'r glowyr, fel dosbarth o weithwyr yn y diwydiant mwyaf peryglus, wedi meithrin a datblygu rhyw gymysgedd o ddoniolwch ac ysmaldod, — arabedd, a doethineb nodweddiadol ohonynt, i lawr trwy'r cenedlaethau. Fe all y glöwr fod yn ddigrifwr mewn adfyd, a chodi chwerthin iachus ar y mwyaf lleddf.

Prif bwrpas y gyfrol fechan hon ydyw ceisio rhoi ar glawr a chadw rhyw gymaint o ffraethineb naturiol glowyr Cwm Tawe fel y'i clywais, gan geisio'i blethu i mewn i straeon byrion. Er mwyn ceisio rhoi darlun cyflawn o'r hen gymdeithas bore oes, onid gwell fyddai eu rhoi yn nhafodiaeth y fro pan oedd hi ar ei gorau, a chyn ei handwyo mor ddifrifol yn ystod y deng neu bymtheg mlynedd diwethaf yma?

Wrth goffau glowyr 'slawer dydd Cwm Tawe gobeithio bydd y gyfrol hon yn rhoi rhyw gymaint o ysbrydoliaeth i'r oesau a ddêl i feithrin y ddawn o hiwmor, a chwaeth dda. Heb chwaeth dda fe all hiwmor droi'n watwareg ronc, a chreu surni a dicter yn hytrach na sirioli ac anwylo.

"Gwyn fyd y sawl sydd ganddo'r ddawn i wneud i eraill chwerthin."

EDGAR AP LEWYS

Nhw Drws Nesa

Fe ddês i i'r farn yn gynnar iawn wrth glywed Tabitha Jâms drws nesa' yn rhoi'r *Third Degree* i Ned 'i gŵr taw rhwpeth iwsffwl ar gyfer hôm-help yn unig yw mynwod yn dda. 'Se chi'n clywed Tabitha yn 'i thantrams synnwn i fawr na fysech chithe o'r un farn â fi hefyd, — *Real Sargeant Major,* a phan ma' Tabitha on parêd, cretwch chi fi, ma' rhywun yn symud hefyd. Twmplen fach fyr, stowt yw Tabitha — tafod mileinig, a dou lycad siarp fel 'sei'n barod am ffeit bob amser.

Nid yn amal ma' Ned yn mynd mâs o'r tŷ, ond pan aiff e', a châl cwpwl o beints gyta'i ffrindie, dyna'i ar ben wetyn. Rhyfedd fel y gall tipyn o ddiod roi ascwrn cefen i ambell i ddyn; neu fel ŷn ni'n gweud yn y gwithe 'ma, — rhoi tipyn o *Dutch Courage* ambell waith. 'Se chi'n clywed Ned yn clepran yn 'i gwrw gallech feddwl fod 'na lewpard wedi ymgnawdoli. Bydd Tabitha'n gofalu bod yn y gwely'n gynt nag arfer y nos-weth honno, ond lwc owt bore trannoeth. Gallech feddwl fod un o breswylwyr uffern wedi câl i ala'n spesial i boeri tân a brwmstan ar ben Ned, druan.

Dyna ddigwyddws nosweth cyn y rhâs am y "Cynlais Gold Cup". Chlywes i shwd randibŵ mewn tŷ 'riôd ag odd drws nesa' 'co y bore hwnnw. Gwyddwn fod Tabitha yn dipyn o folceno ar y gore', ac yn barod i ecsplodo unrhyw foment, ond y bore hwnnw âth pethe'n yfflon rhacs. Rodd hi'n bedlam proper.

Mewn gwirionedd rown i mor gyfrifol â neb am yr annibendod y nosweth honno. Byse popeth wedi bod yn olreit onibai i ni ddicwdd cwrdda Lewsyn, brawd Tabitha yn nhafarn y Relwe. Un o'r bois slic 'ma yw Lewsyn, ond yn gymeriad hoffus — mor wahanol i Tabitha. Medde un hen wag o golier wrth sôn amdanyn nhw, "Gwete neb bod nhw'n dod o'r un ffactri."

Gyta'i wên hawddgar, a'r hiwmor parod, galle Lewsyn yn hawdd werthu sand i Arab, a chyn i hwnnw sylweddoli pam iddo fe 'neud shwd ffwlbri, byse'r gwalch wedi diflannu fel 'se'r ddiar wedi'i lyncu e'. Ar adege bydd neb yn 'i weld am gyment â blwyddyn ne' ddwy. Yn ddisymwth fe ddaw ar 'i dro a'i bac ar 'i gefen mor sionc â gwennol gynta'r tymor. Rhan fynycha bydd Lewsyn mewn ffinansial creisus 'r'adeg honno.

Bydd e'n gofalu galw gynta gen i er mwyn spio shwd ma'r gwynt yn wthu drws nesa! Ma' e'n gwpod fod hyd yn ôd Tabitha mewn gwell hwyl ambell i ddiwrnod na'i gilydd. Gan 'mod i'n byw wrth 'yn huan a dicon o le spâr 'co, bydd yn hawlio'i le i gyscu gen i, er iddo fe gâl 'i eni a'i facu drws nesa. Fel Lewsyn drws nesa rwy i'n i napod e' o hyd.

Cyn gynted y gweliff Tabitha fe'n doti i drôd ar stepyn drws "Nymber 3", r'un yw'r gire cynta' ganddi bob tro:

"Na, Lewsyn, yn bendant, Na. Ma' un gair cystel â chant. Beth bynnag rwyt ti'n moin nawr. Na," medde i gan gwnnu'i llaw lan fel gwelwch chi rhywun yn cisho arbed 'i hunan rhag câl cernod.

Heb ddal unrhyw ben-stori bydd Lewsyn yn rhoi'i hunan yn y gater gefen heb gymryd y sylw lleia' o driniaeth gecrus i chwâr.

"Buest ti bron â'n lladd i y tro dwetha' buest ti 'ma. Pils at y gwynecon, myn cythrel i! Odd ishe clymu mhen i i wrando ar dy lol di. *Certain Cure* yn wir. Onibai i Nona fach a Ned fod wrthi'n fishi am brynhawn cyfan yn cario plâts twym i ddoti wrth 'yn stymog i, byse wedi bod yn *all up* arno'i. Talu coron am lawn bocs o wenwn. Dim rhacor o dy scrwff di i fi, gwd boi. O na! Cwacs fel ti'n mynd ar draws y wlad yn twyllo pobol ddiniwed fel fi. Gwarthus! " A 'mlân â hi am spel wetyn i daranu a chymennu, a phardduo. Wedi iddi 'wthu 'i phlwc fel hen geffyl wedi torri'i wynt, bydd Lewsyn yn dechre'n reit hamddenol.

"Shwd ma'r iechyd nawr, Tabitha? "

"Dôs dim diolch i ti! "

"Cest wared o'r gwynecon."

"Do."

"Beth wyt ti'n gintach 'te? "

"A châl gwâth pôn mewn man arall. Beth gwell rown i o hynny? "

"Rodd newid 'i le fe'n dipyn o newid i ti."

"O'r ffrympan i'r tân, myn cythrwm i! Pils at bob dolur yn wir! Celwdd i gyd."

"Wel, Tabitha fach, beth yw celwdd yn dda os nag yw dyn yn 'i iwso fe? "

Gyta'r fath ffilosoffi ryfedd 'na, ni wydde tafotwraig fel Tabitha Jâms beth i 'neud na gweud. Ond cretwch chi fi, bydd Lewsyn wedi llwyddo mâs o law i doddi calon menyw fel Tabitha. Dyna chi gamp go fawr.

Rwy'n cofio un nosweth, — ma' tua dwy flynedd odd' ar hynny. 'Rown i newydd fynd i'r gwely pan glywes i gnoc ar ddrws y ffrynt 'co. Cwnnes ar unwaith i'r ffenest a gwiddes yn grynedig,

"Hylo 'na! "

"Fi sy' 'ma, Sami. Paid cymryd ofon."

Lawr â fi i acor y drws. Sylwes nag odd y pac fel arfer gyta fe'r nosweth honno. Wedi iddo fe ishte, fe dynnws o'i boced y ci bach perta welws neb 'riôd. Ci bach du, a hwnnw newydd acor 'i lyced. Rodd e'n anwylo'r creatur bach fel 'se fe'n blentyn cynta' anedig. "Ma' stwff yn hwn, Sami," medde fe. "Os bu *Blue Blood* miwn creatur 'riôd, ma fe yn hwn. Ma' pedigri'r ci 'ma cyn hired â'r Salm fawr."

Wedi doti dishgled o de a rhwpeth parod ar y ford i Lewsyn, gofynnes yn boleit beth odd brîd y ci rhyfeddol 'ma. Drychws arno i'n ddiflas reit, fel 'se fe'n rhyfeddu fel y galle dyn normal fod mor dwp. Anwybyddws y cwestiwn, a fe âth 'mlan â'i glepran. "Dyma ti rial gold myin ar beter côs. Ma' hwn yn mynd i ennill milodd i ni, 'machan i."

"Ennill milodd i ni? " gofynnes mewn rhyw dipyn o syndod, gan ddishgwl iddi lyced e', er mwyn cisho dirnad beth odd tu ôl i'r cyfan.

"Ennill milodd, cred ti fi," medde fe wetyn, gan gwnnu'r ci bach lan rhyngddo â'r gole er mwyn câl gwell golwg arno fe.

"Wel, — beth yw brîd y ci spesial 'ma 'te? "

"Ond milgi, bachan! Dim ond milgi all ddod â milodd i ddyn, w," atepws yn ddiamynedd reit.

"Clywes 'rhen fobol yn gweud os gwelswn i filgi yn cered wrth swdwl dyn bod 'i gymeriad e 'no hefyd."

"Lol i gyd. Tepest hen fobol y diwyciad. Ma' gyta ni'n dou ffortshwn dim ond i ti ddishgwl ar ôl hwn. Gad ti'r *financial side* i fi."

Dodd dim ishe iddo fe weud gair arall. Gwyddwn os odd Lewsyn am ddod miwn i'r fusnes trw ddrws y ffrynt rodd hi'n hen bryd i fi 'neud trâd mâs trw' ddrws y bac. Rodd holl ogoniant y deryn 'ma i gyd yn'i bluf e'. Wedi lot o grôs-bleto a chisho rhesymu ag e na fedrwn i ddishgwl ar ôl y ci bach, awgrymes yn gynnil:

"Clywes Nona drws nesa' yn sôn licse hi gâl ci bach. 'Se ti'n câl Tabitha i gymryd ato fe, dyna hi wetyn, caiff 'run ci yn y wlad gwell man nag e."

"Wel, ie, — 'na syniad," medde fe gyta thinc o siom yn 'i laish e'. Wedi lot o bendrwmu a chered nôl a blân ar draws y gecin fel cath ar frics twym, medde fe,

"Ar dy lw na weti di air drws nesa, Sami? "

"Gweud beth, w? "

"Taw milgi yw hwn."

"Ar 'yn llw, Lewsyn," atepes ar unwaith gan obitho i fi achub y gore, am y tro, beth bynnag.

Pan ddês i sha thre o'r gwaith trannoth, rodd e wedi mynd. Timles i ddim mwy diolchgar 'slawer dydd, ond pidwch camddeall i nawr. Ro'dd Lewsyn yn olreit yn 'i le, dim ond 'i gatw fe 'no. Wedi doti'r bocs bwyd a'r stên ddŵr ar y ford, ês miwn drws nesa er mwyn gweld shwd odd pethe wedi mynd 'no. Gwarchod pawb! Braidd medrwn i gretu'n llyced pan weles i Tabitha yn y gater gefen, a'r ci bach yn cysgu'n esmwth ar 'i harffed hi.

"Gwarchod! " meddwn, gyta gwên.

"Beth sy'n dy boeni di? " gofynnws, yn siarp reit.

"Wel, Tabitha Jâms! Clywes am fynwod wedi câl plant od o'r blân, ond dyma'r peth oda 'to."

"Beth sy ar dy feddwl di? " gofynnws wetyn gan gwnnu'r ci bach iddi chôl, a rhwto blân 'i thrwyn ym mlew 'i frest e.

"Fel yn y byd buoch chi mor lletwith â châl hwnna? " gofynnes, gan bwynto at y creatur bach cysglyd.

Pan fyse Tabitha'n câl pwl o werthin rodd hi'n shiglo trwyddi gyd fel 'se chi'n dishgwl ar lwmpyn o jeli, a hwnnw heb cweit seto. Un o wracedd yr 'ithafion yw Tabitha. Chi'n gwpod — naill ai'n mynd yn bwdwr gwyllt yn i themper, neu'n biws yn 'i gwyneb wrth werthin. Wedi iddi gâl 'i gwynt ati, medde'i:

"On'd yw e'n un bach pert, Sami? "

"Oti, mae e. Otych chi wedi meddwl am roi enw arno fe? "

"Ma' Nona am i alw'n Lewys."

"Lewys! Pam Lewys? " gofynnes, wrth glywed shwd enw twp.

"Er mwyn Lewys, wrth gwrs. Gan taw fe achupws 'i fywyd e'. Y peth lleia wetyn fydd 'i enwi e er mwyn Lewys."

"Ardderchog! Falle daw e' i ennill milodd i chi," atepes yn wawdlyd, a bant â fi i ymolchi, a châl gwared o'r dwst du odd yn drwch tros 'y nghnawd gwelw i.

Dwy i ddim yn gwpod beth wetws Lewsyn wrthyn nhw drws nesa, ond fe alla'i fentro gweud bod gyta fe stori fawr fel arfer, a hanner honno'n gelwdd. Ond y peth hollbwysig odd fod Tabitha wedi cymryd at y ci bach.

Cyn pen fawr amser fe dyfws yn gwlffyn o gi, a bu rhaid i Ned a finne fynd ati un prynhawn i neud cwb iddo fe — palas o gwb a chlo *holdfast* ar y drws yn ôl ordors Tabitha. Ath popeth yn olreit nes doti'r to yn 'i le. Rhwng clepran a dadle fe jabws Ned 'i fys bawd yn dost. Chlywes i shwd bang o reci 'slawer dydd — Ma' Ned yn rhecwr dawnus, os ych chi'n neall i. Nid cablwr yw Ned, ond rhecwr. Ma' mwy o ddawn gan Ned wrth jabo'i fys, na sy' gan hanner y pregethwrs 'ma wrth gisho preg-ethu tipyn. Ma' bois felna'n ddicon cyffretin mewn gwaith glo; ond yn gymeriade nobl yn y bôn. Ta beth i, wedi i bethe dawelu lawr, pwy ddâth yn hollol annisgwl, ond Lewsyn. Wrth gwrs bu rhaid câl spel i glywed am 'i ecsploets dwetha, a rhan fwya o rheiny'n gelwyddach o un pen i'r llall. Ymhen tipyn fe welws Lewi'n 'whare lawr yng ngwaelod yr ardd. Dyma fe'n troi at Tabitha yn itha prysur:

"Tabitha! "

"Ie."

"Os na chaiff y ci 'na racor o fwyd, ma' e'n siwr o droi'n filgi dan dy drwyn di. Ma e fel fframyn gwely o dene, w."

"Bwyd, myn cythrwm i!   Byse'n tshepach i fi gatw mochyn! "

"Ma gen i gwpwl o bils yn y pac 'na; 'falle 'nele dwy neu dair tipyn o les iddo fe."

"Dim o dy bils di, gwd boi!   Licswn i ddim gweld Lewi'n câl cwarter y pôn gês i wedi cymryd dy sothach di," medde Tabitha gan ddangos gwyn 'i llyced ar Lewsyn.

"O wel!   Dyna fe 'te.   Ti sy'n gwpod ore," medde fe, gan roi winc fach arno i fel arwdd fod Tabitha'n gwpod nawr beth odd i ddishgwl o Lewi.   Yn wir fe dyfws yn filgi go iawn hefyd mewn fawr amser.

Mewn spel wetyn rown i'n dicwdd bod wrth y ford yn câl bwyd pan ddâth Lewsyn 'co.

"Hylo!   Beth sy' wedi dod â ti ma mor gynnar? " gofynnes, oherwydd rhan fynycha tua brig yr hwyr rodd e'n arfer cyrradd. Wedi doti 'i bac yn y cwtsh-dan-stâr, a throi am damed i fyta, medde fe'n reit seriws,

"Rwyt ti'n cofio i fi sôn am Lewi'n ennill milodd i ni? "

"Otw," atepes gan ddoti'r llwyed cawl odd yn 'yn llaw i nôl yn y basin.   Gwyddwn fod rhwpeth ar y gweill.   Rown i am fod ar y lwc-owt.

"Clywest ti sôn eriod am y Cynlais Gold Cup? "

"Wel-do-rwy'n meddwl," meddwn yn hollol ddihitans. Gwydde Lewsyn yn dda nag odd gen i'r diddordeb lleia ym musnes y rhasus 'ma.

"Ond bachan — dyna rhas fwya'r flwyddyn i filgwn ifanc, w; a chwpan pert yn câl i roi i berchennog y milgi cynta' — *Cynlais Gold Cup*.   Ma bobol na wyddan' nhw'r gwahanieth rhwng milgi a bustach Hereford yn câl bet ar honna, — yn flaenoried, a ffiraton, ac ambell i wenitog bach ifanc.   Ma' Lewi'n mynd i ennill y cwpan 'na, Sami; dim ond i fi gâl dy help di.   Mwy na hynny; 'machan i; bydd gyta ni gwpwl o bunnodd lawr yn 'yn poceti hefyd dim ond i ti 'rando arno i."

"Beth rwyt ti am fi 'neud? "

"Rhaid câl Lewi'n *condition fit* erbyn y rhâs 'na."

"Beth am danyn' nhw drws nesa'? "

"Gad ti nhw i fi.   Bydd hi'n nosweth fawr drws nesa pan

fydd y *Cynlais Gold Cup* ar ddreser cecin ffrynt Ṭabitha."

Wedi i fi ymolch, a newid o'n nillad gwaith i ddillad dwetydd, miwn â ni'n dou drws nesa i drafod y fusnes. Buws dim mwy o sharad a dadle miwn Sasiwn Hen Gorff eriôd. Wedi lot o glepran fe ddâth pethe i fwcwl o'r diwedd. Rodd Ned a fi i fod yn gyfrifol am gâl Lewi'n absoliwt ffit erbyn y rhâs — Tabitha a Nona i ofalu bod y ci'n câl y bwyd iawn, a Lewsyn fel rhyw fath o arolygwr tros y cyfan yn gweld bod popeth yn mynd mlân yn iawn.

A'th popeth yn olreit hyd at nosweth cyn y rhâs. Anghofia'i byth y nosweth honno — nosweth ffein, gynnes yn yr haf. Wrth gwrs rodd yn rhaid rhoi'r ffeinal tyrn owt i Lewi. Bant âth Ned a finne a Lewi ar y *lead* draw i gyfeiriad mynydd y Drum. Wedi spel o gered caled, awgrymes fel bues ddwla 'yn bod ni'n galw yn nhafarn y Relwe am rwpeth cryfach na dŵr i dorri'n syched. 'Se chi yn y fanna, pwy odd 'no ond Lewsyn, a dou ddyn dierth gyta fe. Rodd y ddou yn dishgwl yn real toffs hefyd, a dicon o arian gyta nhw wrth law. Rhyfedd fel ma' pethe'n gallu mynd tros ben llestri pan ma'r syched yn drwm, a rhywun arall yn talu. Erbyn stop-tap rown ni gyd yn itha anghyfrifol. Dôs gen i fawr o gof shwd ddês i sha thre, ond rwy'n cofio i ni ganu *Calon Lân* o flân un o gapeli'r cwm 'co gan dynnu'n hete o barch i Dafis y gwinitog fu'n traethu'r Gair 'no am ôs gyfan. Cofiwch taw syniad Ned odd hyn. Rhyfedd mor selog ma'r Baptists 'ma hyd yn ôd yn 'u diod. Cyn matel bu rhaid canu wetyn o flân y tŷ 'co. Rodd Lewsyn am i ni gwpla'r nosweth mewn steil trw ganu *Mae Popeth yn Dda,* ond cretwch chi fi dodd pethe ddim yn dda bore trannoth. Pan agores i'n llyced, rown i miwn picil pert, — bron â sythu, wedi cyscu ar y soffa trw'r nos. Pan 'dryches i yn y glass, rodd 'yn llyced i fel 'se chi'n dishgwl ar bâr o lyced scatarn. Rown i bothtu doti' mhen dan y tap dŵr ôr pan ddâth Nona miwn ar garlam wyllt.

"Newyrth Sami! "

"Paid 'mhoeni i bore 'ma, dyna groten dda. Dyma beth ma' nhw'n alw'n *The morning after the night before,* weli di."

" 'Dyw Lewi ddim yn y cwb."

"Y nefoedd fawr! "

'Dryches arni'n hurt. Diflannws y pôn pen ar unwaith, a lan

â fi tros y stâr dou stepyn ar y tro at Lewsyn. Rodd hwnnw'n hwrnu fel mochyn ar y gwely yn 'i ddillad, os gwelwch yn dda, — yn scitshe, trwsus, het, a phopeth fel dâth e i'r tŷ nosweth cynt.

"Lewsyn! Lewsyn! " gwiddes nerth cêg, a'i shiglo'n drwshgwl.

"Cer bant, a rho lonydd i fi."

"Lewsyn, bachan! "

"Beth sy, w? "

"Dyw Lewi ddim yn y cwb! "

Fe gynnws ar 'i ishte ar y gwely yn hanner hurt. Rodd e'n dishgwl fel 'se fe ddim yn gwpod yn iawn ble rodd e'.

"Beth? Gwêd 'to," medde fe gan rhwto'i lyced pŵl.

"Ŷn ni wedi gatel Lewi ar ôl yn y Relwe nithwr. Rwy i'n cofio'i glymu wrth gôs y ford yn y gecin bac o'r ffordd. Bydd hi'n bandimoniwn drws nesa nawr gei di weld! " A gwir wetes i.

'Whare teg i Nona fach. Erbyn bod ni'n dou yn dod lawr o'r llofft rodd hi wedi doti pobo ddishgled o de cryf, neis i ni. Yn wir fe shapws pethe'n od o dda miwn fawr amser hefyd. Rown ni'n clywed Tabitha ar dop 'i llaish. Rodd hi yn 'i hwylie gore. Rodd yn rhaid mentro miwn er mwyn câl rhyw berswâd arni. Druan â Ned. Rodd hwnnw â'i ben yn pwyso ar y ford, yn drist iddi weld e, a Tabitha a'r brwsh llawr yn 'i llaw yn soldian, a'r ffroth yn tascu o'i gene' yn ewyn gwyn. Pan welws hi ni, dymai'n troi fel teigres wyllt wedi 'i dal mewn trap.

"Y ffwlied! Dôs gyta chi ddim rispect i'ch hunen na neb arall. 'Neud shwd ffwlbri nithwr! Beth ma'r cymdocion 'ma'n feddwl wedi'ch clywed yn catw'r shwd fwstwr tu fâs i'r tŷ 'ma? 'Cwilyddus! Piti na fyse'r polîs wedi mynd â chi'ch tri miwn i'r jael. Dyna'ch lle chi'ch tri, a gwâth na'r cwbwl yn gatel Lewi ar ôl yn y Relwe. Ma'r landlord newydd ddod ag e nôl y bore 'ma. Ma' e'n sâff yn i gwb, nawr. Fe ofala i nag aiff e ddim mâs heddi 'to," medde'i gan dynnu allwedd y cwb o'i phoced, a'i dangos hi i ni. "Bydd Lewi ddim yn y rhâs 'na heddi. O, — na fydd," medde'i wetyn gan ddoti'r allweth nôl ym mhoced 'i ffedog.

"Wyt ti'n 'styried beth rwyt ti'n 'neud, Tabitha? " gofynnws Lewsyn yn brysur.

"Fe glywest beth wetes i. Fi bia'r ci — fe wna i fel rwy i'n dewish. Cofia taw fi yw'r gaffer yn y tŷ 'ma. Dwy i ddim am glywed gair arall am y rhâs 'na'r *Cynlais Gold Cup*. Fe nethoch chi ddicon o gawl nithwr, a mâs â chi'ch tri cyn mod i'n doti'r brwsh 'ma ar ych cefne chi," medde'i, ac rodd hi'n dda gyta ni ddianc o'i ffordd hi, a miwn â ni i'r tŷ 'co i drafod y fusnes.

"Dyma ni wedi 'neud potsh o bethe' nawr! " meddwn, gan ddoti'r tecil ar y tân er mwyn câl dishgled o de, oherwydd dodd r'un ohonon ni wedi câl tamed i fyta.

"Popeth yn olreit, Sami. Fe ddown ni tros y broblem fach 'na 'to. Ma' gen i ffordd i drafod cymeriade fel Tabitha sy'n 'neud niwsans o'u hunen," medde Lewsyn.

"Wyt ti ddim am roi gwenwn iddi, ôs posib? "

"Dyna beth ddylse hi gâl, ond dyw hi ddim gwerth yr 'M.S.K.' — ond Ned? "

"Ie," atepws hwnnw, gan ddishgwl mor fecant â phen dafad wedi bod mewn siop fwtshwr am wthnos.

"Oti Tabitha'n cymryd dishgled o de fel arfer wedi cinio? "

"Oti."

"Da iawn. Wel, nawr 'te. Rwyt ti'n gweld y bilsen ddu 'ma? "

"Otw."

"Dyma ti beth ma nhw'n alw'n *Lewys Excelsior*. Rwy am i ti roi hon i ddoddi yn y tepot. Cyn pen fawr amser wedi iddi gymryd y te, bydd Tabitha mewn perffeth hedd nes bod hi 'mlân 'mhell wedi amser te. Dôs dim ishe i ti ofni. 'Dyw *Lewys Excelsior* eriôd wedi ffili 'neud 'i job. Dyna gyfle i ti wetyn gâl 'rallweth o boced Tabitha. Rwy i am i ti Sami, roi y bilsen goch 'ma i Lewi boithtu awr cyn y rhâs — *Lewys Supreme* ma' nhw'n galw hon — Lwc owt wetyn! Bydd Lewi wedi cyrradd y winning post cyn bod y cŵn erill yn gwpod bod nhw yn y rhâs."

"Ma' pethe'n swno'n iawn, 'ta beth i," medde Ned.

"Hyndryd pyr sent ffŵl prwff, 'machan i. Gwell i ti gatw o olwg Tabitha nes bod hi'n amser cino."

"Dôs dim ishe i ti 'weud 'na wrtho i,' atepws Ned.

"Dyma fi'n mynd 'nawr draw i'r câ rhasus, câl gweld shwd ma' pethe'n mynd 'no. Ôs un o chi'ch dou am 'neud bet ar y rhâs 'na heddi? Cofiwch bod Lewi'n *dead cert* i ennill. Tepyc cewn ni gynnig *four to one* arno fe."

"Dyma dair punt i ti."

"Reito, Sami. *Four to one,* a dy dair punt ti'n ôl — dyna bymtheg punt i gyd. Beth amdanot ti, Ned? "

"Dod bunt i fi 'te," medde hwnnw mewn gopeth am nosweth hwylus arall.

"Splendid! Cofiwch nawr — *Lewys Excelsior* i Tabitha, a'r *Supreme* i Lewi. Bydd popeth wetyn yn y bag," a bant ag e.

Fel y gwetws Lewsyn, fe withws popeth i'r dim. Rodd Tabitha'n hwrnu, am y prynhawn, a'r *Supreme* yn 'neud 'i gwaith yn iawn ar Lewi. Gweles i ddim creatur wedi siarpo cyment eriôd. Rodd e ar bice'r drain ishe mynd. Fe ofalson bod ni ar y ca' miwn dicon o amser cyn y rhâs fawr — rhâs am y *Cynlais Gold Cup* bu cyment o baratoi amdani. Dyma Lewsyn a'i ddou ffrind odd yn y Relwe yn dod ato ni ar unwaith. Nôl ordors Lewsyn, rôn nhw'ch tri yn mynd i dderbyn Lewi ar ben draw y trac, a wetyn rodd Ned i ddod i moin y ci a'i arwen e at wraig Llywydd y Clwb Milgwn, Lady Lucy Lawton, a derbyn y *Cynlais Gold Cup* o'i llaw hi.

Mewn fawr amser dyma ddou ddyn mewn cote gwynion yn dod i ddoti'r cŵn yn y traps — wech i gyd. Yn sŵn y cyfarth, a'r halibalŵ fawr rown i ddim yn gwpod pun ai Lewi ne fi oedd fwya nerfys. Ŷch chi'n sôn am ecseitment! Ond ta beth i, dyma'r rhâs off. Fe nidws Lewi bothtu ddwy lath mâs o'r trap, fel 'se fe wedi câl shots yn 'i ben-ôl. Ŷch chi'n gweud am fynd! Rodd y cŵn erill fel *old age pensioners* a rheiny'n llawn gwynecon yn 'i ochor e.

Yn sŵn y clapo, a'r gwiddi, rodd Ned yn fwy na llawn cot o ddyn wrth arwen Lewi 'mlân i dderbyn y *Cynlais Gold Cup* o law Lady Lawton. Diawch, rodd e'n slashyn pert o gwpan hefyd. Fe wetws Lewsyn y gwir byse Lewi'n siwr o ennill milodd i ni, a dyma start ar bethe. Rodd lle cryf i gretu byse heno 'to'n nosweth o *celebration.*

Bant â ni ar unwaith i ddoti Lewi nôl yn 'i gwb cyn bod Tabitha'n dechre cyffro. Pan gyrhaeddson ni Nymber 3, rodd hi'n hwrnu fel mochyn, a hwnnw newydd gâl 'i fwyd. Diolch am hynny. Wedi doti Lewi yn 'i gwb, a'r allweth nôl ym mhoced Tabitha, dyma ni wetyn yn rhoi pobo gusan i'r Cwpan fel arwydd o lwc dda cyn 'i roi e ar ddreser y gecin ffrynt. Bant â ni wetyn miwn hwyl i gasclu arian y bets wrth Lewsyn — pymtheg punt i fi, a phum punt i Ned.

"O boi! O boi! Ma' pethe'n dishgwl yn ole'," medde Ned gyta gwên fawr.

Ond 'se chi heb gyffro o'r fan 'na, bues i bron â thacu wrth lyncu dŵr 'yn anal pan glywson ni fod Lewsyn a'i ddou ffrind odd yn dishgwl shwd boddicions wedi 'neud y scŵp rhyfedda' y prynhawn hwnnw, a diflannu wetyn fel 'se'r ddiar wedi'u llyncu nhw. Nôl beth glywson ni rodd cannodd o bunnodd wedi câl 'u swindlo gan Lewsyn a'r ddou ffrind, a gatel Ned a fi heb ddim. Y twyllwyr diawl!

'Dodd gyta ni ddim i 'neud nawr ond macu'n gofitie, a throi nôl sha thre i wynepu storom arall. Ond wyddoch chi na wetws hi ddim gair o'i phen? Dyna chi beth od, ontefe? Ond yw'r mynwod ma'n anwatal? Rodd hi'n itha pwt cofiwch, a'n dishgwl fel 'se'i nawr yn becso am na fyse hi 'i hunan yn gweld y digwyddiad. 'Dyw hi'n 'specto dim beth ddigwyddws, ne' fydde na yfflon o le.

Prynhawn trannoth ath Ned a fi am dro lan i flân y cwm 'co, a Lewi gyta ni ar y *lead,* ond cyn bod ni hanner y ffordd, dyma' i'n dod yn genllysc o law tyrfe. Rodd yn rhaid troi nôl ar unwaith, wrth gwrs, a 'neud trâd sha-thre. Rhyfedd ras! Fe ddigwyddws y peth rhyfedda welws neb eriôd. Rodd Lewi'n newid 'i liw. Ie, cretwch chi fi ne bido, — yn newid 'i liw. Rodd e' fel 'se chi'n dishgwl ar gwilt hen ffasiwn, a hwnnw'n batshis o bob lliw a llun. Dishgwylws Ned a finne ar 'yn gilydd yn hurt reit, a medde Ned, gan dynnu'i law tros gefen y ci. "Paent, Sami." Nawr deallson ni pam i'r tri dihiryn drefnu bod ni'n mynd i ben draw y trac i dderbyn Lewi ar ddiwedd y rhâs. Dyna pryd cymrodd y twist le, a rhoi hwn i Ned, a chymryd Lewi yn 'i le.

Bu rhyw artist yn rhoi hwn ar lun a delw Lewi. Campwaith o job, dos dim dowt, hyd nes i drefen rhagluniaeth roi 'i fys ar y twyll.

Cretwch chi fi, fe ddaw Lewsyn 'to ar 'i dro, a'i stori fawr fel arfer. Bydd popeth wedi 'i fadde iddo fe hyd yn ôd gan Tabitha

Jâms. Ma 'na gymeriade felna i gâl. Fedrwch chi ddim catw digofent atynhw 'se chi'n trio. Ma' i'n itha gwir. Rhaid wrth bob short mewn cymdeithas. Ma' amrywieth yn rhoi lliw ar bethe.

Barti Socs

Hyd y gwela i, dim ond tair swydd bwysig sy yn y cwm co'
heddi, — Blinor gyta'r Hen Gorff, Cynghorydd Dosbarth, a
Chadirydd y Clwb Rygbi. Fe wna pob llipryn y tro i lanw y
ddwy swydd gynta' os bydd gyta fe ddicon o dylwth iddi bwsho
fe mlân; ond am y swydd ola', — ma' rhaid câl rhywun cryf,
soled i lanw honno. Fel hen brop-fforward, a thipyn o brofiad
fel capten y tîm rygbi 'co unwaith y ces i'n ethol i gatw trefn ar
y pwyllgore.

Fel rodd hi'n dicwdd bod ar y pryd hynny, rodd 'na witw,
a'i mab yn byw drws nesa', — ond gadewch i fi atrodd yr hanes
yn llawn i chi o'r dechre. Buws William Huws, gŵr Betsi drws
nesa', ddim yn un o'r rhai cryfa'i iechyd ar y gore'. Miwn
gwirionedd dylse fe ddim wedi bod yn gwitho tan-ddiar o
gwbwl, ond dodd dim gwaith arall i gâl yn yr ardal 'co 'radeg
hynny, ond gwithe' glo. Cyn bod e'n genol ôd bu rhaid iddo
roi'r gore i'r tan-ddiar oherwydd beth 'rown nhw'n alw 'radeg
hynny yn *collier's asthma*, ond fe ŵyr pawb yn ots erbyn heddi
wrth gwrs.

Er mwyn cal dou ben llinyn ynghyd, fe âth William ati i
gario pac, a gwerthu o ddrws i ddrws tipyn o sane gwaith, a
chryse gwlenyn, a drafersi pen-glin yn ôl y ffashwn yr amser
hynny, ynghyd â llawer o fân bethe erill iwsffwl ar gyfer y tŷ;
a whare teg, fe helpws pawb nhw hefyd hyd 'u gallu. Cyfnod y
teuluodd mawr a'r cyfloge bach odd hi, a phrin fod gan neb
ginog yn spâr i 'fratu ar oferedd.

Fel byse chi'n dishgwl miwn ardal fel Cwm Tawe, cyn pen
fawr amser dodd neb yn napod William Huws wrth 'i enw bedydd,
ond fel Bilo Sane. Gwitha'r modd bu e ddim yn hir wrth y gor-
chwyl o gario pac, oherwydd gwathycu 'nath iechyd William yn
gyflym. Wedi i'r truan fatel â'r fuchedd hon, fe gatws Betsi y

fusnes 'mlân. Yn ddicon naturiol, dodd neb yn 'i napod hithe trw'r gymdoceth 'co ond fel Betsi Sane. Gan fod socs yn dipyn llai 'u maint na sane, a Barti yn fab i Betsi Sane, fe ddath e'n 'nabyddus fel Barti Socs.

Cystel cyfadde ar unwaith bod Betsi yn gymdoces ddicon parod 'i chymwynas cyhyd ag y byse'i chap hi'n gwmws, ond 'se rhywun yn dicwdd sengid ar 'i chyrn hi — lwc owt wetyn. Rodd gyta'i dafod fel raser, a dawn arbennig i grafu at fêr yr esgyrn. Galws un hen wag o golier hi'n fenyw â'r crafad spâr. Pan gwelsech chi Betsi'n gwascu 'i gire mâs rhwng dwy wefus dynn, a'r ddou lycad mawr glas-ddu fel dwy seren wib, yna byse'n bryd doti'ch trâd yn y tir, a'i baglu hi am ych bywyd o'i ffordd hi. Yn wir, 'se plant y cwm 'co tipyn yn afreolus, dim ond bwcwth Betsi Sane odd ishe, wetyn byse 'no dawelwch y bedd miwn whincad.

Dou lycad 'i fam odd Barti bach, a phob tro byse Barti'n dod i'r tŷ 'co, a bwyd yn dicwdd bod ar y ford 'na, fyse Olwen y wraig yn gofalu bod dishgled o de, a thamed o dishen yn câl 'u rhoi ar unwaith yn 'i law e'. Chi'n gweld, ma' tipyn o ddiplom-asi'n talu ar 'i ganfed er mwyn catw heddwch rhwng cymdocion.

Wedi i Barti atel 'rysgol fe ddechreuws gymryd dileit miwn whare rygbi. Prynws 'i fam ddillad ffwtbol go iawn iddo fe, — pâr o scitshe na bu dim o'u gwell nhw ar drâd neb fu'n 'whare tros Gymru riôd, a bag spesial i gario'r cyfan yn deidi. Rodd e'n ymarfer dair gwaith yr wthnos yn gyson gyta tîm 'rienctid 'co, ond y piti odd i Barti bach dyfu'n rhy fawr iddi socs. Trueni odd hynny, wrth gwrs. Fe âth i gretu fod e'n ddicon da i whare gyta'r *firsts,* os gwelwch yn dda. Miwn gwirionedd dodd e ddim yn ddicon da i whare gyta tîm o Ysgol y Deillion Abertawe, ond mentre neb 'weud hynny rhag ofon i'r glec fynd nôl i gluste'i fam.

Rwyn cofio un nosweth arbennig iawn. Fe ddath rhai o bwyllgor dewish y tîm 'co i swper, a phan own ni gyd wrth y ford yn mwynhau danteithion Olwen 'co, — whare teg, ma' hi'n gwc spesial — pwy ddâth miwn mor shicôs â bricen ond Barti bach drws nesa', a medde fe'n reit fonheddig, cofiwch, "Se'n i'n gwpod bod gyta chi fisityrs byswn i ddim wedi troi miwn 'ma heno," ond cretwch chi fi, fe wydde'r boi yn ots na hynny — O gwydde! "S'dim ots Barti bach, — dere 'mlân at y tân 'ma," medde Olwen, a rhoi dishgled o de, a thocyn yn iawn o dishen dorth yn 'i law e.

Gweles Twm Jâms, ne fel bydde pawb yn 'i napod, Twm Lisa Gwen, scrifennydd y pwyllgor dewish, yn pwyntio'i fawd at Barti, a medde fe gan droi ato'i,

"Dyma'r boi 'roeddet ti'n sôn wrtho i, i fod e' am whare gyta'r *firsts*? "

"Ie, ie," atepes yn reit ddifrifol.

Fe drows Twm at Barti, a thwlu rhyw lycad beirniadol arno fe yn gwmws fel gwelsech chi borthmon gwartheg yn spïo ar fuwch, ne lo ar ben ffair.

"Rwyt ti am whare gyta'r *firsts* fel ffwl-bac, rwy'n deall," medde Twm wrtho fe.

"Os ca' i'n 'newish," atepws Barti mor wyledd â giar fach yr haf. Cofiwch rodd e'n grwt rhyfeddol o ffein 'i ffordd — dim tepyc iddi fam.

"Rwyt ti ddim yn meddwl byse'n well i ti oedi am dipyn 'to, a cisho byta sached arall o gan gwenith pur, a hanner mochyn ecstra fel bod ti'n tyfu'n grwt cryf blonegog, cyn bod ti'n meddwl whare fel ffwl-bac? Cymer gyngor gen i, machan i. Fyddi di ddim amgenach na robin goch newydd ddod o'r nyth pan ddaw'r fforwards mawr, scyrnog 'na lawr ar dy ben di."

Gweles Barti yn tynnu 'i hunan at 'i gilydd, a Olwen 'co bron bod yn nyrfys *wreck*. Miwn gwirionedd, down inne ddim llawer gwell hefyd. Rown i'n tynnu nôl a blân ar 'yn nhei yn gwmws fel 'sen i bron â thacu wrth lyncu dŵr 'yn anal. Medde Barti bach miwn llaish tyner, gwichlyd, "Wyddoch chi! Ambell nosweth ar ôl mynd i'r gwely fydda i'n dychmycu mod i'n whare gyta'r *firsts*, a chlywed cannodd ar y ca' yn gwiddi a chlapo wrth yn weld i'n dala'r bêl bob tro mor sâff, a'i chico'i wetyn mor smart i'r *touch*. Rwy i'n dychmycu mod i'n clywed nhw'n siarad â'i gilydd — "Ond yw e'n un da? Cewch chi weld bydd e' ddim yn hir gyta ni nawr. Bydd 'Bertawe, ne' Castell Nedd, ne' falle Llanelli ar 'i ôl e' miwn fawr amser am iddo ddod i whare gyta nhw."

Rodd e'n dishgwl mor ddiniwed i'r tân yn gwmws fel 'se fe'n gweld y cyfan y foment honno yn symud ar flân y fflame. Ma'

hi'n anodd meddwl bod shwd feddwl byw gan gorff mor eiddil
â Barti Socs. Ar hyn fe âth Barti, a fe werthinws pawb, ond
Olwen a fi. Doen nhw ddim yn 'styried bod ni'n dou miwn shwd
bicil. Fe wydden ni bod y sefyllfa'n dywyll, a medde Olwen, yn
reit ddifrifol,

"Mai'n olreit i chi werthin, ond os daw Betsi Drws Nesa ar ych
traws chi, fyddwch chi'n carlamu mâs trw ddrws y ffrynt 'na
fel cŵn a bocsus tin wedi 'u clymu'n sownd wrth ych cwte chi."

Roedd rhaid 'neud rhwpeth i achub y sefyllfa ar unwaith, ne
byse'r lle co'n yfflon rhacs miwn fawr amser. Awgrymes gan
gisho bod mor ddiplomatic byth ag y medrwn i,

"Wel, nawr 'te bois. Gan taw ffrendli gêm sy prynhawn
Satwrn nesa' rhwng Blân Twrch a ni, fydd y canlyniad yn golycu
dim i'r un o'r ddou dîm ar dablen y *league;* felny, beth am roi
gêm i Barti Drws Nesa' er mwyn rhoi taw ar 'i gleper beunyddiol
e' am whare gyta'r *firsts*?"

"Ond cofia di," atepws Twm. "Falle taw nid rhoi stop ar 'i
gleper e 'nawn ni wrth roi gêm iddo fe, ond rhoi ffwl-stop ar 'i
anal e! 'Dos dim ishe gweud na fydd fforwards Blân Twrch yn
malio mwy am gico'i ben e na chico'i dîn e."

"Rhwng Barti â'i gawl am hynny," atepes braidd yn
ddiamynedd.

Yn union wedi i ni gytuno 'yn bod ni'n rhoi gêm i Barti y
Satwrn wetyn, dyma'r drws yn acor. Whiw! a dyma'r *battle-
ship* 'i hunan miwn fel bom i genol y gecin, ond cyn iddi gal
amser i ecsplodo, meddwn i gyta gwên fawr, iachus o glust i
glust,

"Bydd Barti'n whare gyta'r *firsts* prynhawn Satwrn nesa,
Mrs Huws."

Gweles hi'n altro i gyd, a chretwch chi fi, fe roddes inne
ochened o ryddhad hefyd. Diflannws y tân scaprwth o'i llyced
hi, a dâth lliw normal iddi gwyneb crychiog hi.

"Dwy i'n deall dim ar yr hen ffwtbol 'na," medde'i yn reit
serchus. "Ond fydda i ar y ca prynhawn Satwrn nesa yn dish-
gwl ar Barti bach yn whare os ca i fyw i weld hynny," a bant
â hi mor ddisymwth ag y dath hi miwn.

Fel rodd hi'n dicwdd bod, rodd hi'n brynhawn Satwrn rhyf-
eddol o ffein, a llawer mwy nag arfer wedi dod i weld y gêm

gan gynnws, wrth gwrs, Betsi Sane.

Fe âth popeth yn iawn am y cwarter awr cynta', a fforwards
y ddou dim fel llewod yn cisho câl y llaw drecha' ar 'i gilydd.
'Se chi heb gyffro o'r fan 'na, dyma scrym agored ar genol y
ca', a'r bêl nôl fel bwlet i olwyr Blân Twrch, — lledgamws y
canolwr, a thorri trw amddiffyniad 'yn tîm ni fel cylleth cras-
boeth trw' fenyn ffresh. Fe dwlws wetyn y bêl i'r asgellwr, a
bant âth hwnnw am y lein fel milgi a hanner dwsin o gols coch
dan fôn 'i gwt e'. Pan gishws Barti druan iddi daclo fe, fe gâs
yr hand off berta gâs neb 'riôd nes bod e'n twmblo tin-tros-i-ben
tair ne beter gwaith, a wetyn fflat fel plencyn ar ascwrn 'i gefen.
Rodd holl gefnogwyr Blân Twrch ishws yn gwiddi, nerth 'u
cece. 'Dodd neb nawr i rwystro'r asgellwr rhag scori. Ond pwy
odd gerllaw y lein yn dishgwl ar y cyfan ond Betsi Sane. Pan
welws hi Barti fel ffroca ar 'i hyd ar y ddiar, fe drows 'i gwyneb
hi'n goch, — piws, — glas, — du a gwyn 'run pryd. Rodd i llyced
hi'n troi fel melin wynt mewn storom mish Mawrth. Dyma'i'n
citsho ym mhen blân côs 'i ymbrelo, a bacho'r clopa am wddwg
'rasgellwr, a phlwc iddo fe, nes bod 'e ar ascwrn 'i gefen ar y
llawr. Fe'i clywyd hi'n gwiddi o ben draw'r ca'. "Rhen scem-
pyn cythrel! Rhen Flagard! Yn bwrw Barti bach am ddim
byd. Fe shigla i dy gwtyn di nawr, machan i! O naf, y diawl! "

Chi'n sôn am randibŵ, a chymanfa o werthin nes bod y ca'
yn eco i gyd. Clywes rhyw hen wag yn gwiddi o'r stand byse'n
well i bwyllgor dewish 'yn tîm ni roi y sac i'r Socs, a dewish y
Sane yn 'i le fel ffwl-bac.

Wedi câl tawelwch, a thipyn o drefen ar bethe' dyma ail-
ddechre'r gêm. Fe âth popeth yn olreit am spel 'to, ond tawn i
byth o'r fan 'ma, dyma'r un canolwr 'to yn câl y bêl iddi ddwylo,
ond y tro hwn yn 'i chico'i lawr i gyfeiriad Barti. Fe wydde'r
gwalch yn iawn, nawr, taw dyma lle rodd gwendid mwya 'yn
tîm ni. Dilynws dou fforward mawr, cryf, cyflym y bêl lawr
tros y ca', a phan ath Barti, druan, i gisho'i dal hi, rodd y ddou
fforward 'ma'n dishgyn arno 'run pryd. Fe a'th y tri'n shang-
difang i'r llawr, ond dim ond dou gwnnws, a do'dd Barti bach
drws nesa' ddim yn un o'r ddou hynny. Rodd e'n hollol owt-
ffor-cownt. Do'dd y byd hwn yn golycu dim iddo fe nawr.

Y cynta' weles i'n brasgamu ar draws y ca' odd 'i fam. Rodd

hi'n benwan whalics, a gwiddi 'te, fe 'se rhywun yn rhoi cylleth
ar gorn 'i gwddwg hi. "Canibalied! Anwaried! ! Y Diawled
barbaredd! Dou hen labwst mawr fel chi'n dishgyn ar ben Barti
bach. Sceler! " . . . Nid odd y gweddill o anerchiad Betsi Sane
i'r ddou fforward yn weddus i'w rhoi ar bapur. Cyn i neb gal
cyfle i gynnig rhyw fath o ymddiheuriad ro'dd clopa ymbrelo
Betsi yn dishgyn ar 'u cefne nhw gyta shwd nerth nes bod hi'n
dda gyta'r ddou gal diangfa o'i ffordd hi.

Wedi doti'r *magic sponge,* a thipyn o ddŵr ôr ar i dalcen e',
a'r smeling solts wrth 'i drwyn e, fe ddâth Barti ato'i hunan
miwn 'chydig funude. Bu rhaid cael *stretcher* yn help-llaw bois
yr ambiwlans, a rhai erill odd gerllaw iddi gario fe mâs o'r ca',
a Betsi fel soldiwr yn cered ymhen blân yr orymdaith. Rown i
'no yn cisho helpu tipyn, a gweles ambell i wên slei ar wyneb
ambell un, ond mentrws neb 'weud gair, ne' Duw a'i helpo fe.

Wedi'r gêm ddod i ben, ês sha-thre ar unwaith i weld shwd
odd Barti. Ro'dd e'n gorwedd yn dwt mewn gwely bach yn y
gecin ffrynt, a thanllwth o dân yn y grat er mwyn 'i gatw fe'n
gynnes. Rodd e'n gronan yn gwmws fe 'se chi'n clywed buwch
yn glaf ar y llo cynta'.

"Shwd ma' Barti erbyn hyn, Mrs Huws? " gofynnes miwn
llaish mor dosturiol â phe tawn i miwn angladd.

"Mae'n wyrth fod e'n fyw. Ma' nhw'n sôn am ela cenhadon
mâs at y blacs bach, — 'ma mwy o ishe'u ala nhw lan i Flân
Twrch 'na, i wareiddio tipyn ar yr hwrddod 'na," medde a'i
llyced yn shino fel dou fwlyn drws newydd 'u glanhau.

"Ŷch chi'n itha reit, Mrs Huws. Dodd dim ishe iddi nhw fod
mor ryff," atepes inne gan gisho dangos mod i'n reit ofidus o
gyflwr Barti bach.

"Anwaried y cythrel! Os taw dyna beth yw rygbi ma' i'n
hen bryd bod cyfreth gwlad yn rhoi stop arni *altogether,*"
medde'i wetyn.

"Ŷch chi'n gweud lot o wir. Otych wir, Mrs Huws.''

"Fe wna i'n siwr na weliff neb mo Barti ni'n whare rhacor
o'r hen rygbi 'na."

Pan clywes i hi'n gweud hynny, yn dawel fach rown i'n
wherthin yno'i'n hunan nes mod i'n shiglo i gyd. 'Se'n i wedi
cal gwarediceth o fol y morfil hwnnw lyncws Jonah 'slawer

dydd, fysen i ddim yn falchach. Rodd hyn nawr yn ddiwedd ar gleper Barti am ware rhacor o rygbi.

Fel gwetws Betsi, gwelws neb o Barti Socs byth wetyn mewn scitshe ffwtbol. Yn rhyfedd iawn fe gatws yn ffyddlon i'r gêm. Rodd e' bob prynhawn Satwrn, glaw ne' hindda ar y ca' yn gwiddi a chlapo, ne'n condemnio'r refferi am ryw gamwri neu'i gilydd. Duw helpo'r reff!

Ar awgrym Barti ffurfiwyd 'co beth yn ni'n alw'n *Supporters Club,* a Barti'n scrifennydd. Bu'n weithgar ddiarbed a chasglwyd yn y flwyddyn gynta' ddicon o arian i brynu set o gryse newydd i'r wharïwrs, a wetyn rodd arian tros ben.

Ar ddiwedd bob tymor whare ŷn ni'n cynnal nosweth arbennig o ginio fawr, a noson lawen wetyn i'r wharïwrs a'r cefnogwyr. Uchafbwynt y nosweth yw'r ddefod o anrhydeddu y person "nath fwya" tros lwyddiant y gêm yn ystod y flwyddyn. Rhoir sylw arbennig i'r nosweth gan wŷr y wasg gyda'u camerau.

Wyddoch chi pwy gâs i anrhydeddu 'leni? Wel ie, — fe — Barti Socs. Rodd e'n llawn haeddu'r anrhydedd hefyd. Rodd 'i fam wrth i bodd, a phleser odd byw drws nesa i Betsi Sane byth wedi'r nosweth hono.

'Se chi'n gofyn i fi am atnod i siwtio'r achlysur, fe ddwetwn ar unwaith,

"Yr hyn a allod hwn efe a'i gwnaeth."

Ardderchog, Barti Bach Drws Nesa'.

Cawl Motryb Jên

Fe licswn i, i chi ddeall ar unwaith nag odd Motryb Jên ddim yn berthynas i neb ohonon ni trw' wâd na chyfreth, – dim ond yn unig 'yn ffordd ni o ddangos 'yn parch, a'n hedmygedd ohoni.

Gwraig fach dwt, smart odd Motryb Jên, – yn gwishgo bob amser blows shitan ddu,– ffetog wen o'i blân, a chap gwyn wedi'i grosio'n gelfydd ar bened o wallt cwrlog. Ar 'i thrâd rodd pâr o scitshe lastig duon a'r rheiny'n gwichian ar bob cam rodd hi'n 'neud. Yn ôl y farn gyffredin, taw holl bwrpas Motryb Jên o wishgo'r scitshe'n gwichian odd rhoi rhybudd i bawb bod hi gerllaw.

Catw tafarn "Y Bont" rwy i'n 'i chofio hi a Tomos 'i gŵr. Gwelsoch chi ddim dou mwy anhepyc 'riôd. Hen lwtshin bolog o ddyn odd Tomos, yn câl gwaith symud o'i ffordd 'i hunan. Miwn gwirionedd fyse'r hwch wedi mynd trw'r siop yn Y Bont 'slawer dydd onibai am Motryb Jên a'r forwn, Hannah.

Yn rhyfedd iawn, ma' enw Motryb Jên o hyd yn fyw ar dafod yr ardal 'co heddi, oherwydd y gyfrinach o 'neud cawl spesial. 'Rwy'n cofio i un hen golier 'weud wrtho i yn ddiwedd-ar iawn, "Dyna ti gawl! Bachan, ro'dd bodi ynddo fe. Ro'dd cwrw da yn Y Bont bob amser, ond am y cawl, rodd hwnnw'n fendigedig o dda. Fe alle Motryb Jên 'neud gwell cawl o gwarter ôl corryn na'r gwracedd modern 'ma heddi 'neud o hanner llwtwn. Rhyw gructwch o *din-slashers* yw'r mynwod heddi, bachan."

Dim ond ar gyfer digwyddiade arbennig o'r flwyddyn rodd Motryb Jên yn 'neud y cawl spesial 'ma, a un o'r rheiny odd diwrnod y ffair ddefed ar y dydd Gwener ola' ym mish Meti. Dyna'r ffair arbennig pan fyse ffermwyr Blân Cwmtawe yn dod â'u defed gwerthu i gwrdd â phrynwyr o bron bobman trw Dde Cymru. Ar y "Plain" gerllaw tafarn y Bont cynhelid y ffair yn flynyddol, ond fel llawer o bethe erill fe ddath y ffair i ben, a 'diw'r Plain ddim yn bod bellach.

Nid yn unig rodd y ffair 'ma'n dra phwysig i'r ffermwyr gâl gwared o'u stoc ddefed, rodd hi'n bwysicach byth bod gwracedd y Cwm 'co'n gofalu na bydde'u stoc nhw o blant yn cynyddu hefyd. Ma'i'n ffaith medde nhw wrtho i, bod mwy o blant 'rardal 'ma wedi cal 'u geni miwn naw mish wedi'r ffair ddefed nag ar unrhyw adeg arall o'r flwyddyn, a hynny oherwydd yr effeth gwyrthiol rodd cawl spesial Motryb Jên yn gâl ar 'u gwŷr.

Wedi i'r ffermwyr fod am y dydd yn cisho bargena, a châl mwy na'u gwala o ddiod, a chawl Motryb Jên, byse'r gwracedd y nosweth honno'n gofalu catw o'u golwg, a chwato ar y dowlod, ne'r llofft stabal, ne'r tŷ-gwair, ne' rywle arall lle fyse nhw'n cretu bod nhw'n sâff oddi wrth 'u gwŷr.

Digwyddiad holl-bwysig arall ar galender y flwyddyn odd diwrnod y cŵn hela. Rodd hi'n bedlam wyllt yn Y Bont y diwrnod hwnnw hefyd. Y paratoi yn dechre'n gynnar y pryn-hawn cynt, — yn gawl, a chwrw, a whishci ar ben y cwbwl. Rhaid odd wrth ecstra staff i helpu, ond Motryb Jên a Hannah odd yn cario'r baich bob amser. Wedi câl cawl spesial Motryb Jên i gwnnu hwyl cyn dechre, 'rown nhw'n siwr o helfa fawr bob tro wetyn.

Rodd hi'n hen arferiad 's blynydde bellach bod tipyn o'r cawl spesial 'ma'n câl 'i ddoti o'r neilltu ar gyfer rhyw hanner dwsin o'r cŵn gore. Syniad 'rhen Rhys, perchennog yr helgwn odd hyn. Unwaith byse'r cŵn wedi cwnnu trywydd cadno yna byse'r chwe ci odd wedi cal cawl Motryb Jên yn siwr o fod ar y blân yn yr helfa, a'r lleill, wrth gwrs wetyn yn dilyn yn naturiol.

Fel rodd hi'n dicwdd bod un nosweth cyn yr helfa rodd Dewi mab fferm Blâncwm wedi dod lawr i'r pentre ar ryw fusnes, a dyma'i'n dod yn genllysc o law tyrfe, a bu rhaid iddo fe'i baglu hi nerth trâd am dafarn Y Bont i gyscoti. Pwy odd 'no yn ishte yn y gecin bac ond Twm Sami, a basned o gawl, tafell o fara, twmpyn yn iawn o gaws, a chwpwl piwr o bicls ar blât ar y ford o'i flân e, a thrwch pedwar dwrnod o farf brithgoch garw fel *barb-wire* ar i 'wyneb llwyd. Yn disgliro ar i ên barfog rodd trwch o gawl Motryb Jên. Pan welws e Dewi'n dod miwn i'r gecin, dyma fe'n sychu'r cyfan â llewysh 'i got, odd wedi gweld 'i dyddie gore 's blynydde bellach.

Wedi cyfarch gwell i Twm, medde Dewi gan gwnnu'i drwyn a snwffan yr awyr yn gwmws fel y gwelwch chi gi atarn (spaniel neu setter) yn tynnu trywydd ffesant, "Diawch! Twm! Ma' rhyw 'rogle hyfryd 'ma'n llanw'r gecin. Beth sy'n mynd 'mlân 'ma? "

"Ond ma'i'n ddwrnod y cŵn hela 'fory, bachan," atepws Twm, gan dynnu cefen 'i law y tro hwn ar draws 'i ên samllyd.

"Yn enw'r saint! " medde Dewi wetyn, "Dyma'r 'rogle mwya bendigedig rwy i wedi ffroeni ers tro byd."

"Ond ma'i flas e'n well byth, 'machan i," atepws Twm. "Ma'i'n werth rhoi bol i stwff fel hwn. Fe glywes i 'rhen Sian Paul, 'slawer dydd, yn gweud wrth roi tipyn o rym yn biwr mewn basned o gawl Motryb Jên bod hynny ddicon i 'neud 'rhen ieir mwya' cruglyd 'u cripe dimlo fel cwennod ifanc. Dylse fod 'na gyfreth gwlad yn gwrthod yr hawl i ferched brioti, a macu tulu os nag ŷn nhw'n gallu 'neud cawl tepyc i hwn.

Ar hyn dyma Hannah yn ymddangos, a medde Dewi, "Hylo Hannah! "

"Hylo Dewi! "

"Rwyt ti'n fishi heno, rwy'n gweld."

"Yn fishi iawn."

"Yn paratoi ar gyfer 'fory medde Twm wrtho i."

"Ie. Yn ni newydd ddod i ben â 'neud y cawl. Licset ti gâl basned? "

"Diolch yn fawr, a phlated o fara chaws hefyd os yw'n gyf-leus gyta ti."

"Cei — cei. Gyta phleser."

"A dere â bib i roi ar frest Twm 'ma. Ma' e'n gawl o'i drwyn i'r basin."

O gwilydd fe sychws Twm 'i ên unwaith 'to â llewysh 'i got, a medde fe wrth Hannah,

"Ar ôl i ti ddod nôl beth am gusan bach neis i Twm? "

"Cusan i ti! Fydde'n well gen i roi cusan i ddrinog. Os na shafi di'n fuan fydd yn rhaid i ti gâl rhywun â blowlamp i losci'r blewach na sy' ar dy wyneb di. Rwy' ti fel brwsh câns w." A bant âth Hannah, a chyn pen fawr amser rodd hi nôl â'r

basned cawl, a'r bara chaws i Dewi.

"Dyma ti stwff spesial, Dewi, brown tywyll fel mahogani — cystel â dim ŷn ni wedi 'neud riôd o'r blân," medde'i gyta gwên foddhaol fel 'se'i wedi cyflawni rhyw gampwaith am y tro cynta yn 'i bywyd.

"Ardderchog Hannah," medde Dewi wedi iddo flasu'r cawl.

"Ma' 'na ddwetiad yn y cwm 'ma," medde Twm gan dorri ar draws Dewi. "Mwya o gawl Motryb Jên, mwya' niferus fydd y priodase'. Felny, paid ti â yfed gormod o hwn Dewi. Cofia bod Hannah 'ma ar y farchnad. Fe allet ti 'neud llawer gwâth job na mynd i gyscu dan 'run blanced a hon. Bydd gyta' ti wraig fydd yn gwpod shwd ma' neud cawl, ta beth."

"Dal dy dafod, a ga' dy lol, Twm. Wel, ma'n rhaid mynd. Ma' tipyn o waith heb 'i neud 'to." A bant â'th Hannah wedi gwrid-gochi rhyw gymaint ar glywed Twm yn cellwair. Rodd Twm wrth i fodd bob amser yn tynnu côs.

Tra ro'dd y ddou yn blasu'r cawl, medde Dewi,

"Fe licswn i wpod shwd ma' neud y cawl 'ma? "

"Ma' nhw'n gweud taw ar nosweth gole luad ma' Motryb Jên yn neud y cawl gore bob amser."

"Fe alli di ddweud y stori fach 'na wrth y cŵn hela ddaw 'ma 'fory, Twm."

"Ma' 'neud cawl fel hwn, machan i, yn fwy na chrefft, — ma' e'n gyfrinach. Ma' cyment o sicret yn 'i oeri, medde nhw, ac sy yn i ferwi e. Wrth 'i ail-dwymo'n ara fach ma' Motryb Jên yn rhoi *sherry* a wye, hufen, a menyn ffresh, ynddo fe, a gofalu bod y cyfan yn câl 'u troi yn gyson nes bod nhw'n berwi trw'u gil-ydd i gyd. Ond beth yw'r ots? Beth sy'n bwysig yw bod i'n stwff da. Do's dim gwell wedi câl i 'neud gyta neb 'riod at oelo gwddwg dyn na chreatur."

"Ond Twm bachan! Ma'r nosweth yn mynd 'mlân w. Beth am ddod â phethe i ben miwn hwyl? "

"Beth sy' ar dy feddwl di? "

"Beth am gân fach? Rwy i'n dy gofio di'n canu 'slawer dydd miwn 'steddfote nes bod y toion yn clandarddan i gyd."

"Ma' tipyn o amser ers hynny nawr, Dewi."

"A sawl noson lawen 'te? " gofynnws Dewi.

"Llawer iawn, a llawer un yn *rhy* lawen hefyd."

"Ma' 'na ddwetiad," chwanegws Dewi. "Noson lawen wna fore diflas, Twm."

"Twt! Twt! Rho di nosweth lawen i fi bob tro, 'machan i. 'Dos dim ishe bod yn ddiflas oherwydd tipyn o ben tost. Dicon hawdd gwella hwnnw. Ond Dewi."

"Ie! Beth sy nawr, Twm? "

"Ma' cawl Motryb Jên ishws yn corddi tu-fiwn i fi nes mod i bron bosto ishe canu."

"Da iawn. Beth am yr hen ffefryn, Twm? "

"Wel ie, – ar yr alaw 'Mae Robin yn Swil' – ond Hannah! "

"Ie? Beth sy' ishe nawr? " gofynnws Hannah o'r bar.

"Dere â pheint arall i dy ewyrth. Pwy dderyn all ganu â'i wddwg e'n sych, w? "

" 'Se dy wddwg di wedi cal 'i 'neud miwn ffactri *blotting paper* byse fe byth yn sychach! "

Wedi i Twm gymryd dracht yn iawn o'i beint, medde fe gyta pesychiad i glirio'i laryncs, "Nawr 'te – tawelwch,

> *Rodd Shoni drws nesa' ar lawr yn 'i hyd,*
> *Yn rholo fel pelen gan widdi 'run pryd.*
> *O Mari! Fy Mari! Ma' twll yn fy nant,*
> *Ma'r ddannodd 'ma'n ddicon i ddrysu'r un sant,*
> *i ddrysu'r un sant,*
> *i ddrysu'r un sant.*
> *Ma'r ddannodd 'ma'n ddicon i ddrysu'r un sant.*
>
> *O Mari! Fy Mari! Gwna rwpeth yn wir,*
> *I'm arbed rhag poene, a gwella fy nghur, –*
> *Heb ddentist, na doctor yn acos i'r lle,*
> *Na bws bach, na cherbyd tan heno i'r dre.*
>
> *Âth Mari ar unwaith i gwpwrdd y cefn,*
> *Lle cedwid pob teclyn yn sâff, ac miwn trefn.*
> *Gafaelws 'rhen wreigen miwn pinsiwn go fawr,*
> *Gan dorchi 'i llewysh, a thimlo fel cawr.*

Ishteddws 'rhen slopen ar fynwes 'i gŵr,
Âth Shoni yn llipa fel pwdin mewn dŵr.
"Dim nonsens o gwbwl!" medde Mari yn gas,
"Rho weled y dant 'na i fi gâl e mâs."

Rhwng rheci a phwffian, — rhwng dychryn a braw,
A chwys ar 'i dalcen fel cawod o law,
Rodd Shoni 'rhen druan mewn cyflwr go dlawd,
Tra arno ishteddws rhyw dunnell o gnawd.

Ni fu y fath stŵr yn y pentre o'r blaen,
Cynhyrfwyd y bobol, a tharfwyd y brain;
A phlant y gymdoceth, rhai mawr, a rhai bach,
Ddâth yno i spîo, a chwerthin yn iach.

Ro'dd Shoni pryd hyn ar lewycu yn wir,
Tra Mari yn spîo ar ei ddannedd mawr hir.
Er dychryn, a gwiddi, a phrotest, a rheg,
Y pinswn a wthiwyd yn union i'w geg.

"Rhy hwyr!" ebe Mari. "Rhy hwyr yr hen glown!
Ma'r dant yn y pinsiwn yn ddiogel a sownd.
Ar frys cei roi ffarwel i'r ddannodd mor dost,
Cei wared dy boeni, a hynny heb gost."

Nôl tynnu, a thychan y dant ddâth i mâs,
A Shoni waredwyd o'i boene mor gas;
A byth wedi hynny miwn pryd yr âth e',
I dynnu 'i ddannedd at ddentist y dre."

Erbyn hyn ro'dd holl gwsmeried y dafarn yn gwrando'n astud ar Twm Sami'n canu. Dôs dim dowt 'se fe wedi 'marfer yn ifanc i feistroli 'i laish a dyscu'r grefft o ganu byse wedi 'neud canwr reit iwsffwl, ond bu dylanwad y peint yn llawer rhy drwm arno i gymryd unrhyw ddiddordeb mewn cerddoriaeth. Piti mawr odd hynny wrth gwrs, a Chymru ar 'i cholled oherwydd hynny. Bu rhaid i Twm gymryd dracht yn iawn er mwyn oelo'i laryncs fel y gwetws e , a medde Hannah:

"Dewi! "

"Ie Hannah."

"Beth am gân gyta ti? Fe glywes i dy fod dithe'n cymryd rhan miwn llawer i noson lawen."

"Ar un amod 'te."

"Beth yw hwnnw? "

"Câl cusan gyta ti wetyn."

"Cawn weld," atepws Hannah, gan wrido o glust i glust.

"Hannah! " chwanegws Twm, gan sylwi ar Hannah'n gwrido.

"Beth sy' nawr, Twm? "

"Pam y gwrido? "

"Gad dy gleper," atepws Hannah braidd yn swil.

"Synnwn i fawr na fydd 'ma *wedding breakfast* yn nhafarn Y Bont yn y dyfodol acos, a taw'r *first course* yn y wledd honno fydd cawl Motryb Jên. Tybed a yw'r pâr ifanc gerllaw nawr? "

"Ga' dy lol, a gad i ni glywed Dewi'n canu."

"Splendid! Beth ti am ganu, Dewi? "

Wedi pesychiad bach, medde Dewi o'r diwedd, "Wel dyma hi 'te —y'ch chi'n gwpod y gire i gyd —*Gwnewch Bopeth yn Gymraeg.*"

Rodd ganddo ynte laish tenoraidd da iawn; ond yng nghenol y gymeradwyeth a'r clapo, fe ddiflannws Hannah o'r neilltu. Ond gwyddoch chi beth sy'n od? Do — fe broffwydws Twm Sami yr union beth ddigwyddws mewn fowr amser wetyn yn nhafarn Y Bont — *Wedding Breakfast!* Rodd e wedi deall yr arwyddion, welwch chi. Cofiwch dw i ddim yn gwpod os taw cawl Motryb Jên fu achos y briodas, ond yn sicr cawl Motryb Jên odd y *first course* yn y wledd arbennig honno. Lwc dda iddyn nhw, a gobitho i Hannah gatw'r gyfrinach shwd odd neud cawl mor spesial.

Y Champ

Rodd haliers gwaith glo 'slawer dydd yn câl 'u cyfrif yn ddos-barth arbennig o withwrs tan ddiar, a chyn byse neb yn câl 'i dderbyn yn gyflawn ilod o'r gymdithas honno, rodd yn rhaid wrth dri pheth neilltuol, gwishgo pishin tin, rheci'n dda, a chnoi baco main.

Darn o leter fflat odd y pishin tin 'ma, wedi 'i dorri ar siap hanner lluad, a'i roi wetyn yn sownd wrth y strapen odd am gen-ol yr halier. Rodd yn bwysig bod y darn lleter 'ma'n dod lawr tros y pen-ôl.

Yn amal iawn rodd y trams tan-ddiar yn mynd off y rhails, fel y byddwn ni'n gweud, a phwrpas y pishin lleter odd arbed part ôl y trwsus rhag trulo yn y broses o gwnnu'r trams yn ôl ar y rheilie. Cofiwch rodd hynny'n gofyn am dechneg arbennig, a pherffeth ddealltwrieth rhwng halier a'i gêffyl. Ond wrth gwrs yr halier da bob amser odd hwnnw odd yn cisho arbed rhag mynd off y rhails, a dyna le rodd Jos Ifans yn câl 'i gyfrif gyta'r gore o holl haliers gwaith glo Cwm Bargod.

Yn rhyfedd iawn rodd Jos yn un o'r 'chydig etholedigion tan ddiar fedre reci heb gwnnu gwrychyn saint mwya' deddfol y cwm 'co. Rodd 'na ryw ddoniolwch yn 'i gymeriad e, a chlyw-soch chi byth o Jos yn iwso terme cysegredig yn 'i *repertoire*. Oherwydd 'i gymyscwch o hiwmor, a pharodrwdd 'i gymwynas, rodd gan Jos rhyw leisans yn ots na neb arall i reci heb gyth-ruddo neb. Yn wir, teg fyse gweud i fod e'n athrylith o recwr.

'Se chi'n napod Jos Ifans rwy i'n berffeth siwr y cytunech â fi ma' hawdd fyse rhannu bywyd Jos yn weddol gyfartal rhwng gwaith glo Cwm Bargod, mabolgampe, a chwsc. Rodd popeth arall tu fâs i'r tri pheth 'na, i Jos, yn ddim ond gwastraff ar amser ac egni.

Nid yn unig rodd Jos yn câl i 'styried yn halier da, a chanddo ddawn arbennig i drafod ceffyl tan ddiar, ond yn berson weddol wybotus ym myd "sport".Pan fyse tipyn o gros-bleto, a rhyw anghydweld rhwng y coliers ar gwestiwn o fabolgampe, rhan fanycha Jos fyse'n torri'r dispiwt. Rodd ganddo gof ithriadol dda, a rhaid cyfadde' bod holl gwmpas gwybodaeth Jos ynghlwm wrth y *Football Post*, y *Sporting News* a'r *Sporting Life*, a chynnws y ddalen ôl o'r *Western Mail* bob dydd Llun.

Ond yn 'i gwsc rodd Jos Ifans yn 'i elfen naturiol fawr. Heblaw 'i fod e'n gyscwr sownd rodd e'n hwrnwr heb i fath. Clywes Lowri'i wraig yn sôn droeon, 'se scariad i gâl am golli cwsc oherwydd snoran 'i gŵr, na châs neb eriôd gwell achos na hi. Clywes hi'n tystio ar 'i lliw 'i fod e'n catw shwd fwstwr aflafar yn 'i gwsc nes aflonyddu ar y tulu drws nesa', a fel 'se hynny ddim yn ddicon o boendod iddi, rodd e'n rial beryglus pan fyse fe wedi bod yn gweld gêm o rygbi yn y prynhawn, ne'n dishgwl ar focso, ne' wrestlo ar y T.V. Cyn gynted y byse fe'n rhoi 'i ben ar y gobennydd, a chued 'i lyced, yna fyse'n ail-fyw y cyfan i gyd. Druan o Lowri! Rodd hi'n gorffod derbyn y drinieth mwya' arswydus gan Jos y nosweth honno. Byse wedi i chicio'i a'i phwno, a'i gwthio nes bod hi mâs o'r gwely yn fflop ar blance'r llofft. Diolch bod soff-wely yn handi, er mwyn osgoi antics hwyrol Jos. Rodd Lowri'n cyfadde bod Jos yn ddicon diniwed ar ddihun, ond unwaith rodd e' yn y gwely, a dechre snoran, rodd e'n altro i gyd. Wetsech chi byth taw'r un dyn odd e, ond fel y gwetws Wil Bryan rodd rhwpeth yn *true to nature* ynddo fe bob amser.

Rodd yn amlwg fod rhwpeth arbennig gyta Jos ar y gweill un prynhawn pan ddâth hi sha thre o'r gwaith yn gynt nag arfer. Gan nag odd i fwyd e ddim cweit yn barod, fe âth ar unwaith i'r bath i gâl gwared o'r trwch llwch glo, a'r gwynt wŷs oddi ar 'i gorff 'scyrnog. Yn wir, y prynhawn hwnnw, fe roddws fwy o sylw nag arfer iddi hunan. Fe ofalws roi scrwbad da iddi wyneb, a fe drychws wetyn yn y glass odd ar wal y bathrwm er mwyn 'neud yn siwr nag odd llwch glo o hyd ym mlew yr amrant, a chorneli 'i ffroenau. Wedi rhwto a sychu, rodd e wrthi'n pwsho'i grys neilon gwyn tu fiwn iddi drwsus pan ddâth Lowri i'r drws,

"Ma' dy fwyd di'n barod, Jos."

"O'r gore. Fydda'i ddim iliad cyn bod yn barod."

"Rwy i'n falch bod ti'n gwishgo dy siwt ore, a fe'n dod 'ma heno."

"Fe! Pwy yw'r fe 'na? " gofynnws gyta rhyw gyment o syn-dod yn 'i laish.

"Ond Gus Barton, bachan."

"O! Pwy yw e 'te? "

"Ond, bachan, ma' Gus Barton yn fab i un o *directors* y ffactri newydd, w. Fe yw manajer y lle."

"O! Mae e'n fachan pwysig 'te," medde Jos, gan ishte wrth y ford i fwynhau 'i fwyd.

"Oti mae e, a gobitho byddi di'n weddol boleit iddo fe pan daw e 'ma."

"Dibynnu shwd bydd yr ysbryd yn arwen ar y pryd, ond diawch, — nawr 'rwy'n cofio! "

"Beth sy nawr? "

"Piti, Lowri. Ie'n wir. Fe licswn i fod 'ma i gwrdda'r boi 'ma hefyd."

Fe sefws Lowri'n stond ar lawr y gecin yn gwmws fel 'se'i wedi câl strôc, a medd Jos wetyn yn brofoclyd:

"Ma' henno'n nosweth arbennig o bwysig, weli di."

"O! Beth sy'n bod? "

"Ma' Bili Teigar Smith yn seino contract heno yng Nghaer-dydd i ymladd am *championship* Pryden Fawr, a mae e am i fi ddod gytag e."

Ishteddws Lowri ar fraich y soffa yn ddiflas reit. Rodd eglur-had Jos wedi'i llwyr ddigaloni, a medde fe wetyn:

"Byddwn ni'n mynd miwn tacsi, ar expens y Teigar, wrth gwrs. Piti na fedre ti ddod gyta ni am nosweth o spri, ond dyna fe, rwy ti ishws wedi trefnu i gwrdda'r boi 'na, Gus Barton, wetest ti? "

"Mwn cythrel i! " medde Lowri gan gwnnu'i llaish i hanner screch. "Dôs dim ishe mynd i Affrica i wilo am ganibalied. Ma' nhw yma yn 'yn plith ni — Rwy i wedi prioti un ohonyn' nhw — Jos Ifans wrth 'i enw."

"Rwy' ti'n sylweddoli bydd Teigar Smith wedi'r ffeit 'ma'n un o'r *champs* mwya' welws Cymru ers dyddie Jimi Wilde, Jâms Driscoll, Tommi Farr, a Howard Winstone? Synnwn i fawr na fydd 'i lun e'n hongian ym mhob cartre yng Nghymru, a miwn ambell i festri capel hefyd, yn ochor pictiwrs o'r Hen Hoelon Wyth 'slawer dydd. Wyt ti wedi sylwi'n ddweddar fod Lili ni ag ynte'n dishgwl tipyn mwy nag arfer yn llyced 'i gilydd? Os na' rwy i'n camsynied, ma'r *signs and symptoms* yn dangos bydd 'ma briotas miwn fawr amser ar ôl i'r Teigar ennill y ffeit 'ma, fe gei di weld."

Dymuniad mawr Jos odd câl crwt fel ffrwyth cynta'i briotas e â Lowri, a châl y pleser wetyn o weld hwnnw'n tyfu yn fabolgampwr o fri. Dos dim dowt na chas e tipyn o sioc pan câs e i alw sha thre o'r gwaith un dwrnod a gweld taw Lili odd 'no yn 'i dderbyn e, a nid bachgen hoew fel rodd e wedi dishgwl 'mlân mor ffyddiog amdano. Rodd e' mor siwr yn 'i feddwl wrth gyfeirio at Lowri'n ymledu'n allanol 'chydig fishodd cyn geni'r babi,

"Ma' e'n tyfu, Lowri."

"Bydd merch fach yn neis iawn, cofia."

"Merch yn wir! " atebws Jos yn scornllyd. "Bydd hwnna'n gawr o grwt, fe gei di weld."

"Ma' e'n ddicon anhyweth tu fiwn 'ma, ta-beth i," medde Lowri.

"Dyma ti. Fel rwy' ti'n tychan pan fydd e'n cico, synnwn i fawr nag os pâr o scitshe ffwtbol ar 'i drâd e' ishws. Bydd hwn yn rial foi, merch i."

Dodd dim pall ar Jos byth a beunydd yn sôn am y Fe. Dodd dim iws i Lowri nawr 'neud dim caletwaith rhag achosi niwed i'r bwndel bach o berffeithrwdd 'ma odd ar fin dangos 'i nodwedd i'r byd mawr tu allan, ac ypseto gobithon Jos am 'i weld yn gwishgo crys coch ar Barc-yr-Arfe. Dyna ddelfryd Jos, ond mawr fu'r siom pan ddâth e sha thre o'r gwaith â'i wynt yn 'i law i groesawu y crwt spesial 'ma, ond yn câl i longyfarch gan y nyrs am 'i fod e'n dad i'r ferch fach berta welws neb eriôd.

Fe dyfws Lili yn groten olygus, smart. Pan ddychreuws Lili gered mâs law yn llaw â'r Teigar, fe deimlws Jos bod dod yn dad-yng-nghyfreth i *champ* yn rhoi statws i'r tulu. Ardderchog Lili, hyd nes i Lowri weud:

"Wydde ti ddim bod Lili wedi cwpla gyta'r Teigar 'na? "

"O! " atepws Jos, gyta fflach o syndod.

"Fel gwetws Lili, — dodd hi ddim yn gwpod shwd olwg fyse

ar 'i wyneb ar ôl bod miwn ffeit. — Dou lycad piws ambell waith, a gwyneb fel pen-ôl trwsus rib pryd-arall. Ach-y-fi! Dyna pam ma' hi am i ti gwrdd â Gus Barton heno."

Fe wylltws Jos yn gacwn ar glywed hyn. Galle pethe fod yn rial letwith 'se'r stori 'ma'n dod i gluste'r Teigar. Rodd yn rhaid cisho'u rhwystro nhw ddod wyneb yn wyneb.

"Clyw, Lowri fach. Er mwyn y nefodd mwstra i fynd i gwrdd â'r Gus Barton 'na, a gwêd wrtho fe, os yw e'n mynnu dod 'ma heno, am iddo fe alw ar y ffordd gyta Twmi'r *Undertaker*. Bydd yn hawsach i hwnnw'i fesur e ar 'i drâd, na ar 'i hyd ar y llawr. Bydd hi ddim yn beth ffôl 'se ti'n ordro *wreath* iddo fe r'un pryd, a gwêd wrthyn nhw am ala'r bil 'mlân i fi. Os caiff e un ergyd o'r dwrn 'na sy' gyta'r Teigar bydd e ddim yn gwpod pun ai cic ceffyl, ne' 'i daro gyta gordd odd yr achos iddo fatel mos ddisymwth o'r byd hwn. Ma'r dwrn wîth 'na gyta'r Teigar yn ddychryn, ond ma'r dwrn dde yn *killer*."

Ar hyn dyma Norah, ail ferch Jos a Lowri'n cyrradd sha thre o'i gwaith fel teipydd gyta'r N.C.B. a medde'i gan dorchi 'i llewys cyn mynd i olchi 'i dwylo:

"Diar mi! Beth sy'n mynd 'mlân 'ma? Chi'ch dou yn dishgwl mor sidet â dou ffowlyn wedi câl 'u taclu'n barod i fynd i siew. Oty chi wedi dod ar draws cwtsh o drysore, ne' wedi ennill y pŵls, ac yn paratoi i fynd mâs i selibreto? "

"Ma' Lili, dy wâr wedi dod ar draws trysor ar ddwy gôs, a ma' dy fam wedi dwli. Bydd y *boy friend* yma on show heno. Gwell i ti baratoi ar gyfer y grand parêd."

"O ie. Oti'r boi 'ma'n ffowlyn gwerth 'i blufio? " gofynnws Norah gyta thinc fach brofoclyd 'i thad yn 'i llaish.

"Nôl dy fam, ma' pob plufyn ar hwn yn *gilt-edged*, merch i. Gwell i ti fynd . . . . "

Ar hyn fe dorrws Lowri ar draws gwatwaredd 'i gŵr a Norah.

"Ma' Gus Barton yn fachan llawer rhy sybstanshal i chi'ch dou 'neud gwawd ohono fe. Gwyddoch chi 'i fod e'n Llywydd yr *Anti Blood Sports*, yn ddirwestwr selog, a heb smoco eriôd? "

Fe werthinws Jos yn iachus ar glywed hyn a medde fe, "Wel! Wel! Dyna beth fyse nosweth o spri fyse mynd mâs gyta hwnna ar nos Satwrn! Bysa mwy o hwyl mewn angladd, mwn cythrwm i."

Rodd Jos nawr am fwstro i fynd sha Caerdydd a chwrdd â'r Teigar rhag i hwnnw alw amdano. Rodd e am arbed *explosion,* ond dyma'r drws yn acor a phwy gerddws miwn fel dou ganeri ond Lili, a'r Gus Barton 'ma. Fe oerws Jos trwyddo, a diflannws Norah i'r llofft, ond rodd Lowri nawr miwn cyment o ffys nes bod hi'n lletwith ym mhopeth rodd hi'n neud. Fe dimlws Jos bod hi'n ddyletswdd arno rybuddio'r Gus 'ma rhag 'i dragwydd-oldeb 'se'r Teigar yn dicwdd dod miwn ar y pryd, a medde fe,

"Rwy' i'n deall nag ôs gyta chi fawr o ddiddordeb miwn sport, Mr. Barton? "

"Dim o gwbwl, Mr Ifans."

"Beth yw'ch barn chi am y fusnes bocso 'ma? "

"Bob tro gwelaf baffiwr, fedrai ddim llai na theimlo mod i'n gweld yr enghraifft isela' o anwariad," atepws Gus Barton yn academedd fawreddog.

"Da iawn. Dyna ateb reit ar 'i ben, Mr Barton," medde Lowri yn sebonllyd.

"Mr Barton! "

"Ie Mr Ifans."

"Os gwelwch yn dda, a fyddwch cystel â mynd i gwato rhywle rhag i chi gwrdd â'r anwariad mwya' welsoch chi eriôd . . . . " ond cyn i Jos gâl cyfle i weud gair pellach, medde Lili'n scorn-llyd:

"Nhad! Dyw Gus ddim am glywed ych cleper chi byth a beunydd am'r hen focso 'na, a diolch am hynny, weta i."

"Lili! Rwy i'n cisho'i arbed e rhag 'i dragwyddoldeb yn gynt na phryd. Os oti'r boi 'ma am glywed y gwcw unwaith 'to, gwell iddo fe'i baclu hi mâs trw' ddrws y bac cyn bod y Teigar yn dod miwn 'ma. Gobitho bod ti wedi gweud popeth wrth y la-di-da 'ma sy' gyta ti? "

"Gweud beth? "

"Bod 'na focswr o'r enw Bili Teigar Smith yn cario dy lun di ym mhoced 'i frest, a'i gusanu dair gwaith bob nos cyn 'i ddoti dan y gobennydd, a wetyn mynd i gyscu."

"Heblaw bod 'na wyrth yn dicwdd," medde Jos gan droi at Mr Gus Barton. "Ma' arno'i ofon y'ch bod chi'n gwynepu creis-us mawr."

Erbyn hyn rodd Lowri wedi bod wrthi'n ddiwyd yn paratoi

pryd o fwyd reit flasus ar gyfer 'i darpar fab-yng-nghyfreth, a medde'i'n sidêt,

"Dewch at y ford i gâl tamed o fwyd, Mr Barton. Rhaid i chi'n escusodi ni —Dyn ni ddim yn wŷr byddicions, a lle crand fel sy' gyta chi."

Ond fe gâs Lowri dipyn o siom pan wetws Gus Barton bod e'n gwrthod byta'r cig am nad odd e'n cretu miwn lladd anifeilied. Creulondeb rhonc odd hynny, medde fe.

"Beth sy' ar ych trâd chi, Mr Barton? " gofynnws Jos.

"Scitshe."

"Lleter ontefe? "

"Ie."

"Os ych chi'n gwrthod byta cig y creatur sy wedi 'i ladd, pam ych chi'n gwishgo'i grôn e 'te? "

"Allai ddim mynd ar hyd y lle'n droednoth! "

"Gwishgwch glocs. Fe gatwiff rheini'ch trâd chi'n gynnes, a'n sych."

"Gad dy lol, Jos," medde Lowri. "Falle licsech chi gâl ŵy bach wedi 'i ferwi 'te? " gofynnws yn boleit, ond cyn i Gus gâl amser i ateb medde Jos yn wawdlyd,

"Falle 'naiff hwnnw ddim o'r tro hefyd gan taw o ben-ôl y iar y daw e, a nid o'r pen blân."

"Jos! Dyna ddicon o dy lol di nawr," medde Lowri'n sarrug.

Ond ar hyn dyma sŵn injin y tacsi tu fâs i ddrws y ffrynt, a'r foment nesa' rodd yr arwr mawr 'i hunan ar lawr y gecin. Rodd e miwn hwyl dda, a fe rhows 'i fraich am genol Lili a'i gwascu'n dynn, a medde honno gan dorri'n rhydd o'i afel e.

"Dim rhacor, Bili."

"Beth sy' Lili? "

"Fel bod ti'n deall, ma' popeth rhyngddo ni'n dou bellach wedi cwpla. Dwy i ddim am glywed gair arall am 'rhen focso 'na."

"Ond Lili fach! Arnot ti rown i'n dibynnu am 'sbrydieth cyn pob ffeit! Rodd gweld dy wyneb di ar bwys y ring yn rhoi i fi rhyw *injection* o allu gwyrthiol," atepws y Teigar, ond pan glywws e Lili'n gweud wrth y dyn dierth 'ma, "Dewch Gus, i ni gâl mynd. 'Dyw hwn ddim yn le sy'n siwto chi." — fe altrws i gyd. Rodd awr y creisus fu Jos mor ofnus ohoni wedi cyrradd, a fel bwlet, gan synhwyro terfysc fe stepws rhyngddo a Gus Barton. Druan o Gus Barton! Medde fe miwn llaish crynedig:

"Ma'i'n flin gen i am y trwpwl 'ma, Mr Ifans."

"Trwpwl! *Trwpwl* wetsoch chi? Bu dim mwy o drwpwl yn uffern eriod," atepws Jos yn gynhyrfus.

"Dewch Gus, a gadewch nhw yn y fan 'na," medde Lili, a bant âth y ddou. Timlws neb yn falchach eriôd o weld 'i gefen e'n mynd trw'r drws na Jos Ifans.

Isteddws y Teigar yn swp ar y soffa gerllaw'r ford. Rodd 'i feddwl e'n blanc, a'r amser nawr yn mynd mlân i fynd sha Cardydd. Rodd e fel mwlsyn yn gwrthod symud o'r fan, a medde fe miwn llaish hanner-llefen:

"Rwy i wedi cwpla — wedi cwpla am byth. Ma' pethe wedi mynd yn rhacs. Heb gusan gan Lili cyn pob ffeit, fyse gen i ddim calon i wynebu Titw Las."

"Dyma beth melltigedig ontefe, bod shwd scilpin tene â hwnnw wedi ypseto popeth, a'r *champ* ma' Cymru wedi dishgwl 'mlân gyment am 'i weld e, yn llefen fan hyn fel babi shicno wedi colli 'i dymi. Diawl shwd beth i Lili ddod i'r byd 'ma o gwbwl. Ma' hi wedi bod yn sioc i fi o'r diwrnod cynta gweles i hi," medde Jos gan ddishgwl yn hurt ar y Teigar, odd erbyn hyn wedi rhoi 'i ben ar y ford fel 'se fe'n diodde' o'r parlys. Fe gishws 'i berswado bod cyfle mawr i fywyd yn 'i law dim ond iddo fe ddod i Gardydd ar unwaith, ond dim gwell.

"Rwy i wedi cwpla. Fe all y *championship* a'r ucen mil o bunne fynd i'r gwynt mor belled ag rwy i yn y cwestiwn," medde fe gan ddishgwl mor fecant â 'se fe wedi câl i daro â haint o dwpdra.

"Ucen mil yn wir! " medd Norah yn ddishtaw rhwng 'i dann-edd, a odd erbyn hyn wedi dod lawr o'r llofft. "Caton pawb! Ucen mil," medde i wetyn fel 'se'i'n ffili â chretu 'i chluste. Ro'dd hyn yn ormod i golli. Ro'dd yn rhaid rhoi cynnig arall ar 'i berswado i fynd sha Cardydd. Yn ddi-seremoni fe gitshws Norah miwn llond dwrn o'i wallt, a chwnnu'i wyneb tuag ati, "Rwyt ti'n gweud dy fod yn fethiant heb i rywun dy faldoti, a dy gusanu fel plentyn yng nghôl 'i fam? "

"Rwy i'n fethiant heb gusan gan Lili."

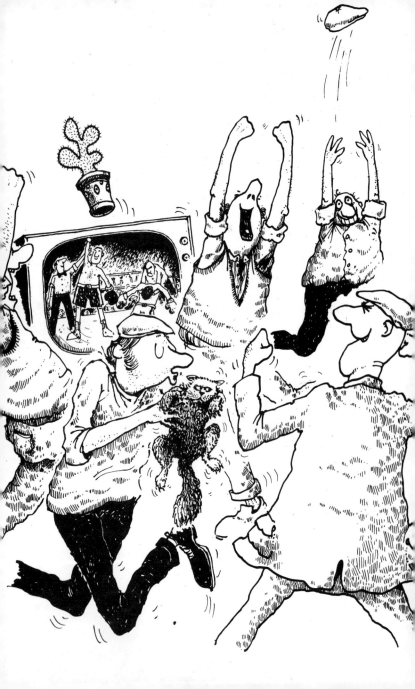

"Anghofia am Lili nawr."

Fe rhows Norah 'i briche am 'i wddwg, a'i gusanu yn gwmws fel y gwelwch chi fam yn rhoi tipyn o faldod iddi phlentyn. Yn wir, fe withws y tric hefyd. Ond yw hi'n od fel y gall swyn ambell i fenyw hudo dyn oddi ar 'i drâd? Rodd Lowri mor ddiflas â baw pan welws hi y tri yn rhuthro sha Chardydd, a miwn pryd i seino'r contract i ymladd am bencampwrieth Pryden Fawr.

Rodd y ffeit honno yn câl 'i dangos ar y teledu. Fel y bysech chi'n ddishgwl y nosweth honno rodd 'co denshwn llethol, a distawrwdd y bedd trw'r ardal i gyd, — dim sŵn car, dim rhandibŵ plant ar yr hewl, hyd yn ôd dim cyfarthiad ci yn torri ar y tawelwch. Rodd yr hen a'r ifanc, yn aelote capeli a chlwbe ynghlwm wrth y set deledu. Dodd dim iws i neb beswch na thwshan.

Cyn bod y ffeit dri chwarter y ffordd drwyddi ro'dd Cymru a Phryden Fawr yn clodfori *champ* newydd, a'r hen *champ* yn owt ffor cownt. Pwy na alle 'muno yn y moliant? Ardderchog, Bili Teigar Smith.

O ie. Fues i just anghofio hefyd am i longyfarch e', fel mabyng-nghyfreth i Jos a Lowri Evans. Gwarchod pawb! Dyna chi ddathlu odd dwrnod priotas Norah Ifans a'r *champ*. Rodd gwŷr y wasc a'u camerau 'co wrth y dwsine, a phawb yn mwynhau, ond efalle Lowri Ifans. Rodd Gus Barton mwy gyta'i thast mympwyol hi.

Rwy'n Cofio

Dicon teit odd amgylchiade bywyd Lisa a Dafydd Morris Tŷ
Cornel, ond rown nhw'n berchen ar gyfoth o hapusrwydd a don-
iolwch. Ma' hi'n wir nag odd balchter yn trwpli fawr ar Lisa, a
dicon annipen o'dd y tŷ, ond rodd e'n gartre, a chroeso i bawb i
droi miwn bob amser. Nid rhwpeth iddi addoli odd tŷ iddi hi,
ond lle i Dafydd, a Griff 'i mab, a hithe i fyw ynddo fe. Ond
'whare teg i Lisa Morris nawr, — menyw â'i holl diddordeb tu-fas
i'r tŷ odd hi, a nid tu-fiwn. Dôs dim dowt na wnelse'i wraig
spesial i ffermwr i ddishgwl ar ôl y stoc. Byse macu lloi iddi
hi yn llawer mwy gyta'r grân na macu plant.

Rwy'n cofio pan rown i'n grwt, nid y garej a'r car odd yn
bwysig 'radeg hynny,, ond twlc mochyn a gardd. Rodd mochyn
ne' ddou, llond clâdd mawr o datws, a dicon o stwff o'r ardd yn
help i duluodd ddod â'r ddou ben-llinyn at 'i gilydd.

Rodd gardd Tŷ Cornel yn câl i doti'n daclus bob blwyddyn,
a dou fochyn yn câl gofal arbennig a hynny heb fawr o help
Dafydd hefyd. Os odd y tŷ tipyn yn annipen rodd Lisa yn cym-
ryd preid yn y twlc. Rodd e'n câl 'i lanhau mâs bob dydd, a'r
ddou fochyn yn câl 'u golchi a'u scrwbo'n gyson, a dim ond y
bwyd gore odd yn neud y tro iddyn' nhw. Byse'n casglu tatws
mân o dŷ i dŷ, a dail cabej, — torri dail dyned ifanc, a phopeth
glân fedre'i gâl, a'u berwi nhw gyd miwn crochan, ne cudl tin
mawr ar y pentan yn ymyl y tân. Wetyn byse'n arllws y cyfan
i gascen i oeri, a'i gymyscu a blawd haidd cyn 'i roi i'r moch.
Fel y gwetws un cymytog am foch Lisa Morris, "Rown nhw'n
dod mlân fel sherwmps."

Un prynhawn Satwrn fe gwrddws Dafydd â hen ffrind rodd
e heb 'i weld er tro byd. Bu rhaid câl cwpwl o beints gyta'i
gilydd. Pan ddâth hi'n stop-tap fe âth Dafydd ag e sha-thre am
gwpaned o de. Pan gyrhaeddson nhw Tŷ Cornel rodd Lisa'n

dicwdd bod mâs, a'r arogle mwya bendigedig yn llanw'r gecin.

"Diawch! " medde Dafydd. "Ma' Lisa ni wedi 'neud cawl.
Nawr am ffîd, a bant ag e i'r pantri am bobo fasin, torth, a
thwmpyn yn iawn o gaws. Llanws Dafydd y ddou fasin hyd at
yr ymylon o gynnws y crochan odd yn berwi'n raddol ar y pen-
tan. Rodd y ddou wrth y ford yn mwynhau 'u hunen pan ddath
Lisa miwn, â brwsh yn dicwdd bod yn 'i llaw wedi bod yn
brwsho llwybyr yr ardd. Pan welws hi'r ddou yn gwledda wrth
y ford, medde'i gan gwnnu'r brwsh,

"Damo chi! Cerwch mâs o'r tŷ ma'ch dou, ne fe fytwch y
bwyd moch i gyd. Y cythruled! " a bu'n dda gyta'r ddou 'neud
trâd am yr awyr agored y prynhawn hwnnw.

Bob blwyddyn wedi lladd y ddou fochyn, a'u halltu at iws y
tŷ, byse Lisa wetyn yn mynychu cwrdde diolchgarwch yr Eclws.
Dyna'r unig dro yn ystod y flwyddyn byse'i'n trothi drws un-
rhyw le o addoliad, ond'se rhwpeth yn dicwdd i un o'r moch,
dyna'i'n ffwl stop wetyn am y flwyddyn honno.

Fel y gwetes i, rodd Lisa'n cymryd llawer mwy o ofal a balch-
der yn y twlc nag odd hi yn y tŷ, a fe ddâth dyn dierth at y
drws un diwrnod i ofyn am Mrs Lisa Morris, a medde Dafydd
yn hollol ddifeddwl,

"Na — 'dyw hi ddim yn y tŷ ar hyn o bryd."

"Allwch chi weud ble galla'i gweld hi? " gofynnws y dyn
wetyn.

"Galla, galla. O galla! Mae' hi lawr yn y twlc gyta'r moch.
Cewch chi ddim trafferth iddi napod hï; ma het fawr las ar 'i
phen hi."

Rodd Tŷ Cornel yn noddfa i ni'r crots yn ystod noswithe'r
gaea. Rown ni'n cal hwyl a spri 'no yn arbennig bob nos
Wener a nos Satwrn, pan fyse Dafydd wedi câl tipyn yn ormod
o ddiod. Gwelsech chi e' byth miwn tymer gas, a'r peth cynta'
fyse fe'n neud odd twlu'i bowlyr hat i gornel y soffa. Rodd
hynny'n arwdd i bawb dawelu a gwrando arno fe'n adrodd y
storie mwya anhygol a chelwyddog glyws neb erîod. 'Se'r
hwyl yn weddol dda byse wetyn yn rhoi *exhibition* ar genol y
gecin o'i allu i stepo, a byse'n canu canuon gwerin nes bod hi
'mlân tan hanner nos. Fe ddysces un o'i ffefryne', cân "Siop
Gynta'r Cwm" ar alaw *Gwnewch Bopeth yn Gymraeg.*

Sut rydych Modryb Mari,
Yn wir, ers llawer dydd;
A chwithe Modryb Marged,
A phobun yma sydd.
Cymerwch pobo gater,
A dewch yn nes ymlân,
Ann! Dere yn y funud
Rho'r tecil ar y tân.

Cyn hir fe ferwodd Morgan,
Rhowd llestri ar y bwrdd,
Ac wedi dechre bwyta,
Fe ddarfu yr holl dwrdd.
Wel dyma de rhagorol,
Ble rych chi'n prynu nawr?
Gan Richard Jenkins Groser,
Mae'n gwerthu llawer nawr.

Wel! Syndod! Oti hwnna
Yn catw siop yn siwr?
Wel, oti! Mae'n gwerthu popeth
Sy' eisie i gynnal gŵr.
Mae'n gwerthu caws a menyn
A siwgwr o bob rhyw.
Halen, pupur, mwstard,
A blacyn, starch, a blue.

Tybaco Edward Ringer,
A phipe byr, a hir,
Ond mae ei de rhyfeddol,
Y gore yn y shir,
Ac nid yn unig hynny,
Mae pethe da yn siwr
A chewch eich tendio'n union
Heb lawer iawn o stŵr.

Mae spanish-drops, a taffish
A biscuits coch a gwyn,
A phopeth allwch feddwl
Wrth law y siopwr hyn.
Sawl ânt ag arian yno,
Cânt ddigon yn eu lle.
Ac nid oes tecach gwerthwr,
Na hwn o fewn un tre.

Rodd e'n denor go dda hefyd, ond y peth hollbwysig odd 'yn bod ni gyd, gan gynnws Lisa, a Griff y mab, yn rhoi itha glap, ac encôr ar ddiwedd pob cân. Wetyn byse ni'n weddol siwr o bobo ddime am y gymeradwyaeth. Dyna chi swm go dda miwn adeg pan rodd bocs o fatshus am ddime; a dim ond cinog am bump sigarét.

Rodd Dafydd yn ffond iawn o brynu 'scatarn hallt *(bloaters)*. Rodd bri mawr arnyn nhw 'radeg hynny, a chyn dechre'i berffformans un nosweth rodd yn rhaid iddo fe gâl un o'r 'scatarn ma' i swper. Wedi i Lisa roi y 'scadenyn yn y ffrympan a'i ddigoni'n iawn, dyma Dafydd yn mynd ati i fwynhau 'i swper. Cyn gynted dotws e'r tamed cynta yn 'i ben dyma fe'n gwiddi,

"Lisa! "

"Ie, Dafydd. Beth sy' nawr? "

" 'Se'r 'scadenyn 'ma, myn cythrel i wedi dod o ben-ôl gwraig Lot, byse fe ddim yn halltach. Ma' mwy o halen yn hwn na sy' ishe i halltu dou fochyn, w."

Rodd Griff wedi etifeddu holl ddôniolwch 'i dad. Dodd e'n ddim scoler, a chas beth gan 'i ened e odd mynd i'r yscol. Gan 'yn bod ni'n ddou yn ffrindie mawr, fe gishes fynd ati i ddyscu e' i ddarllen a scrifennu. Wedi bod wrthi am spel yn rhoi gire ar slaten, a gweud beth ôn nhw, megis C-O-W: cow, D-O-G: dog, P-I-G: pig, ac yn y blân. Wrth gwrs yn yr iaith fain rown i'n llysafu nid fel sy heddi. Wedi bod wrth y dasc am beth amser, gofynnes yn reit obithol nawr,

"Wel, nawr te, Griff. Beth yw C-A-T? "

"Pam? Wyt ti meddwl dwy' i ddim yn gwpod te? "

"Wel! Gwêd nawr 'te. Beth yw C-A-T."

"Ond sêt, bachan, w," atepws Griff yn llond hyder; a bu rhaid i finne roi'r gore o gisho'i ddyscu byth wetyn. Ond os nag odd gyta fe feddwl academic, rodd e'n rhyfeddol o smart i weld cyfle i 'neud cythruldeb na fyse neb arall yn meddwl, na mentro i 'neud nhw.

Dâth 'co blisman bach ifanc, a hwnnw'n dwmpyn o hunanoldeb a phwysig. Er mwyn dangos 'i awdurdod fe gospws pawb a phobun am y trosedde mwya' dibwys, ac erbyn pen fawr amser dodd neb yn 'i napod e' trw'r ardal 'co ond fel *"Dai Book and Pencil"*.

Un nos Wener rodd Dafydd wedi gorffod troi i'r twllwch ar 'i ffordd sha thre er mwyn dadlwytho tipyn o'r ddiod rodd e wedi yfed y nosweth honno. Pan odd e' ar hanner y gorchwyl holl bwysig hwnnw, dyma Dai Book and Pencil yn dicwdd dod hibo. Dos ishe gweud taw'r canlyniad fu, odd i Dafydd gâl 'i gospi, a thalu coron am y weithred orfodol honno am 'i bod hi dipyn yn *out-of-place* yn ôl cyfreth gwlad.

Dyma Griff yn galw *Council of War* ar unwaith. Rown ni'n dri ar y cyfyng gyngor 'ma, a Griff, wrth gwrs, odd yn tynnu "plans of attack", ar y "Book and Pencil".

Fel rodd hi'n dicwdd bod ar y pryd hwnnw, rodd tulu drws nesa' i Griff wrthi'n torri ffos ddwfwn er mwyn rhoi pipe *sewerage* lawr, ond oherwydd y tywydd garw bu rhaid iddyn' nhw rhoi'r gore i'r job tros dro, a rhoi plance tros y ffos er mwyn croesi'n sâff i'r hewl. Dodd dim ffens na pherth yn rhannu'r ddwy ardd, dim ond y llwybyr, a'r un glwyd rodd y ddou dulu yn iwso i ddod miwn o'r hewl.

Am saith o'r gloch nos trannoth rodd y *Council of War* i gwrdd wrth y glwyd. Popeth yn iawn, — nos trannoth amdani 'te. Ordors Griff odd, y foment byse fe wedi croesi nôl o'r hewl i'r ardd ato ni, rown ninne wetyn i symud y plance, a'u twlu i rywle, a'i baglau hi wetyn am Tŷ Cornel. Rown ni i atel popeth arall iddo fe. Dyma fe'n mynd, a chwato yn yr union fan câs 'i dad i ddal yn 'neud y weithred naturiol anghyfreithlon.

Rodd 'na dawelwch y bedd, a phob un yn aros — aros — aros a'i galon yn 'i wddwg. O'r diwedd, dyma'r dyn holl bwysig yn dod, a mynd hibo ni gan gered lan yr hewl yn ara' a'i ddwy law ar 'i dîn fel arfer. Y foment âth e hibo Griff dyma hwnnw yn 'i daro â phastwn trwchus ar 'i fysedd nes bod e'n screchen miwn pôn. Fe ddigwyddws y peth mor syten, nes i Griff ddianc deg llath ar hucen cyn i'r Book and Pencil ddod ato'i hunan, a wetyn dyma gwrs ar ôl y troseddwr. Rodd Griff yn dod fel bwlet, a thros y plance — ninne wetyn yn 'u twlu, a bant â ni, nerth trâd am Tŷ Cornel.

"Hylo y cythruled bach! " medde Dafydd wrth 'yn gweld ni'n rhuthro miwn i'r tŷ. "Beth ŷch chi wedi bod yn 'neud heno 'to? "

"Dim gair nhad, cofiwch nawr. Os daw rhywun yma i holi, — ŷn ni wedi bod yma'n 'whare 'dominos' trw'r nos. Ŷch chi'n clywed nawr? "

"Otw," atepws Dafydd gan synhwyro bod rhyw ddrygioni wedi câl 'i neud gyta ni.

Rown ni wrth y ford yn 'whare pan glywson ni gnoc ar y drws. Pan âth Dafydd i weld pwy odd 'no bu bron iddo fe gâl llewyg. Dodd e' ddim yn gwpod pun ai dyn ne' drychioleth odd 'no. Gwarchod pawb! Rodd e'n llacs melyn, o'i ben iddi drâd. Dodd gan Dafydd ddim amcan pwy odd 'no nes iddo fe siarad, a napod 'i laish e'.

"Wel! Wel! Dai Book and Pencil, ti sy' 'na. Ble rwy' ti wedi bod? " gofynnws Dafydd, oherwydd gwydde nawr pwy fu'n gyfrifol am gyflwr mochedd y plisman 'ma, a medde fe wetyn gyta gwên iachus ar 'i wyneb e', "Dewch yma, bois i chi gâl gweld pwy sy 'ma."

"Pidwch werthin," medde'r bobi, wrth 'yn clywed ni gyd yn rhoi blôdd o werthiniad.

"Rwy'n siwr nag ŷn ni ddim yn mynd i lefen, ta beth i! " atepws Dafydd.

"Beth wetiff y *Chief* am hyn? Rwy wedi colli'n helmet yn y ffos 'na. Ma'i'n bwysig mod i'n dod o hyd iddi."

" 'Se ti wedi catw dy ben pan ddest ti i'r ardal 'ma, byse ti heb golli dy helmet hen, gwd boi. Gwell i ti neud trâd sha thre i newid o'r dillad 'na, a dere nôl 'fory i wilo am dy het. Dôs dim gopeth dod o hyd iddi heno yn y llacs mawr 'na."

Trannoth bu Dai Book and Pencil yn wilo'n ddyfal am 'i helmet, ond dodd dim sôn amdani, oherwydd rodd Griff wedi bod 'no o'i flân e'. Bu'r Book and Pencil ddim yn hir cyn câl 'i symud odd 'co — i ble, dodd neb yn gwpod, na'n trwpli chwaith, ond fe gawson ni lot o sport wrth whare gyta'i het e.

Heblaw 'i ddoniolwch a'i dricie rodd Griff yn arwr gyta ni fel crots. Rodd gyta fe gorff ithradol gryf, ac o'i ben yn dalach na neb arall. Fe odd 'yn cyscod a'n gopeth ni rhag pob gelyn, ac ymhob 'scarmes.

Ar wilod y cwm 'co ma' ca' bychan tri chornel — "Ca Scoldy Bach" i ni, am fod 'na adilad yn y pen ucha lle rodd y Sentars 'slawer dydd yn arfer cynnal 'u Yscol Sul. Erbyn heddi tŷ annedd sy' 'no. 'Se rhyw ddewin a chanddo'r gallu i wascu Parc-yr-Arfe, Harringay, a maes cricet y Lords yn un maes fyse fe ddim hanner mor bwysig â Cha' Scoldy Bach i ni. Yma rodd holl ffeits y cwm yn cymryd lle. Dodd dim lot o thril mewn cricet, ond am rygbi, — dyna chi gêm holl bwysig.

Dodd gyta ni ddim o'r arian i brynu ffwtbol iawn a dodd dim i neud ond dibynnu ar gâl platren mochyn gan y bwtshwr lleol. Wedi rhoi'r blatren miwn câs lleter hir-gron, yna'i hwthu ddi lan yn deit â mecin, neu â'n gwefuse, nes bod yn lyngs ni ar fosto — clymu'r gwddwg a'i roi e' miwn yn y câs, a chued yr agoriad. Dyna ni'n barod am gêm.

Ar brynhawn Satyrne' yn y gaea byse ni rhan fynycha yn crynhoi at 'yn gilydd, a Griff miwn ffwl control o bob gêm. Rodd tipyn o arbenigrwdd yn perthyn i Griff. Fe odd 'runig un odd miwn trwsus hir — hen drwsus 'i dad a hwnnw'n cyrradd lan hyd at 'i geseilie, a'i glymu wetyn rhag iddo ddod lawr. Cyn pen fawr amser byse cwt crys Griff yn hofran mâs fel clwtyn sychu llestri trw' un o'r twlle odd ym mhen-ôl y trwsus. Dodd dim gwanieth gyta Griff am hynny.

'Scitshe hoelon cryf odd ar drâd pob un ohonon ni, ond rodd pâr spesial ar drâd Griff — scitshe â chaps dur ar 'u blân nhw. Rodd y coliers i gyd yr adeg hynny yn rhoi caps dur ar flân 'u scitshe gwaith er mwyn 'u arbed rhag trulo wrth iddynt benlinio tan ddiar. Rodd Griff wedi câl caps odd ar scitshe'i dad a'u rhòi nhw ar 'i scitshe'i hunan. Byse'n gwishgo cap brithyn ar 'i ben, a hwnnw bothtu dair *size* yn ormod iddo, nes bod 'i big bob amser ar letgros lawr tros 'i glust. Syniad Griff wrth wish-co'r fath daclath odd dangos taw fe odd "Boss y Ca".

Yn lle pyst ffwtbol iawn, rodd yn rhaid i ni 'neud y tro ar

wthio pastyne ar 'u pen i'r ddiar, a rhoi 'yn cotie arnyn nhw fel bod pawb yn gwpod ble dylse'r pyst iawn i fod.

Mor sicir â bod 'na haul cenol dydd, ni bu gêm arall yng Nghymru tepyc i'n geme ni — geme heb unrhyw reolwr, na rheole, — nifer y whariwrs bob ochor yn goycu dim, a neb yn rhy barticiwlar am roi cic, a chlawten, a bant ag e' wetyn nerth trâd. Byse pob gêm yn mynd yn iawn am spel, ond yn ddiithriad byse 'no screch a stop. Trwyn rhyw grwt yn gwidu, llewysh crys un arall yn yfflon, a un arall ym mhen draw y ca' yn hercian ar un gôs. Yna gwelsech ddou â'u dwrne yn nhrwyne'u gilydd, a'u gwynepe mor goched â phenne twrcis adeg Nadolig. Prin bod un gêm wedi dod i ben heb i Griff orfod ymyrryd yn *private affairs* dou ne dri o'r crots, a'u stopo nhw rhag twallt gwâd 'u gilydd. Rodd e wrth 'i fodd yn 'neud rhwpeth felny.

Rhwng y baw a'r blino byse'n dda gyta ni ddod â'r whare i ben erbyn amser te, ond dodd pethe ddim yn cwpla ar Ga' Scoldy Bach — o na, — rodd 'na jobs arall yn 'yn aros ni wetyn ar ôl mynd sha thre. Rodd yn rhaid paratoi ar gyfer y Sul — gofalu bod dicon o lo a chôd tân wedi 'u torri, a phob stên wedi i llanw o ddŵr. Dodd dim iws cario dŵr ar y Sul o'r taps odd yr adeg hynny ar ochor yr hewl fawr. Ond y jobyn mwya cythrel ohonyn nhw gyd odd rhaid câl rial scrwbad yn y twbyn bob nos Satwrn er mwyn bod yn lân a syper ar gyfer y Sul.

Rodd Ca' Scoldy yn *out of bounds* i ni ar y diwrnod hwnnw. Tybed beth wetse'r hen saint 'se nhw'n gweld pethe heddi? Heblaw y gwasanaethe a'r ysgol ar y Sul, un o'r cyfarfodydd pwysica' yn ystod tymor y gaea' odd Cymdithas y Bobol Ifanc. Anghofia'i byth un nos Sul yn y cwrdd 'co. Wedi i'r gwasaneth ddod i ben dyma William Bifan, y pen-blaenor yn cwnnu ar 'i drâd, a medde fe yn 'i ddull deddfol, swrth o siarad, a dishgwl ato ni odd yn ishte ar y llofft:

"Dôs dim ishe i fi weud wrth neb bod tymor Cymdithas y Bobol Ifanc bellach yn dod i ben, a ma' hi wedi bod yn ryfeddol lwyddiannus trw'r gaea'. Wel, ŷn ni fel blanoried yn timlo dylsen ni gynnal rhwpeth i ddathlu y llwyddiant hwnnw. Gan taw ych cymdithas chi, y bobol ifanc yw hi, teg yw gofyn i chi, ynta, beth licsech chi gâl. Gwetwch, sosial, ne' drip, ne' beth fynnoch chi. Pidwch bod â chwilydd i siarad, — gwetwch yn ewn beth licsech chi gâl.''

Dodd William Bifan ddim wedi ishte lawr yn reit cyn i Griff gwnnu ar 'i drâd fel bwlet, a medde fe:

"Cyn gynted daw y Gymdithas 'ma i ben, rwy i'n cynnig y'n bod ni'n câl Sosial streit yn 'i thîn hi."

Fel bysech chi'n dishgwl, bu rhaid gohirio trafod busnes y gymdeithas y nosweth honno. Miwn cyfarfod diweddarach gan y blanoried penderfynwd taw sosial odd i fod. Cystel cyfadde bod ni'n câl llawer mwy o hwyl wrth 'neud castie, a chlepran, a llycatu ar y merched odd yn ishte ar y llofft, godderbyn â ni, nag rown ni ar y gwasanaethe 'u hunen. Dan tipyn o orfodieth rown ni mynd sha'r cwrdd ar nos Sul. Er mwyn torri tipyn ar draws monotoni y gwasaneth byse ni'r crots yn mynd am yn ail i helpu Tomos Tomos i wthu'r organ. Rodd Tomos druan ddim wedi bod cweit ym mhen draw y ffwrn, fel ŷn ni'n gweud yn y cwm 'ma, ond rodd e'n itha diniwed, cofiwch, a chretu bod y swydd o wthu'r organ yn holl bwysig. Ma' e wedi mynd i wlad y gogoniant ers blynydde, a hedd i'w lwch.

Tra fyse ni yn wthu'r organ rodd Tomos yn ishte ar sêt fach gerllaw yn gwylio bod ni'n 'neud y job yn iawn. Ond un nos Sul dyma Griff yn hawlio'i dro i fynd i helpu Tomos. Fe fu wrth y gorchwyl am y ddou emyn cynta tra rodd Tomos yn ishte, ond y drydydd emyn bu raid i Tomos wthu'r organ, a fe ddâth Griff i ishte gyta ni ar y llofft. Rodd hyn yn beth hollol anarferol ond wetws e ddim gair.

Wedi canu'r emyn, a'r pregethwr ar 'i drâd yn barod i dynnu 'i destun, yn y distawrwdd mawr 'ma dyma Tomos Tomos yn ishte ar i sêt — yn syten dyma flôdd (rodd ar Tomos tipyn o ddiffyg parablu), "Addglwydd Mawr! " gan nido ar i drâd a thynnu dwrned o tin-tacs o ben-ôl i drwsus, a bant ag e lawr tros y stâr fel cath o gythrel. Wrth gwrs bu rhaid i'r gwasanaeth ddod i ben y nos Sul honno heb help yr organ yn canu.

Bu llawer iawn o holi pwy fu'n gyfrifol am y withred ddrygionus honno, ond wetws neb ddim gair. Y canlyniad fu i'r swyddocion benderfynu nag odd yr un ohonon ni'r crots byth mwyach i fynd i helpu Tomos Tomos i wthu'r organ. Nid yn unig rodd Ca' Scoldy Bach yn *out of bounds* i ni ar y Sul, ond

nawr rodd yr organ hefyd oherwydd Griff Morris a'r tin-tacs.

Fe ddâth yn amser i Griff atel yr yscol, a dôs dim dowt onibai am 'i oetran e, taw yno byse fe hyd heddi. R'adeg hynny dodd dim jobs arall i gal i grots ond mynd tan ddiar, a fe âth Griff i witho gyta'i dad. Gwithwr da, a cholier sâff odd Dafydd Morris, a fe ddyscws Griff miwn fawr amser i gymryd at lawer o'r gwaith trwma'.

Yn raddol fach fe gollws Dafydd dipyn o'r hwyl arferol ar nos Wener a nos Satwrn. Dodd e' byth yn stepo nawr. Rodd y fecin tipyn yn deit, fel y gwetws e. Fe wyddon ni erbyn heddi beth odd arwydd o'r peswch cyson, a'r twli fflem ar ôl fflem, a'i gam yn mynd yn fyrrach, byrrach o hyd.

" 'Rhen asthma cythrel 'ma," medde fe.

Wrth gwrs asthma'r coliers rodd e'n câl 'i alw'r adeg hynny, ond *silocosis* erbyn heddi. Cyn hir bu rhaid i Dafydd Morris roi'r ffidil yn y to druan, a Griff fu wetyn yn cario baich y tulu. Whare teg, fe nâth hynny hefyd, hyd 'i itha.

Er 'i afiechyd fe gatws Dafydd 'i ddoniolwch hyd y dwetha. Dyna chi gyfoth i ddyn odd e miwn llesgedd, ontefe? O'r llu ffrindie odd yn troi miwn i weld Dafydd yn gyson, fu neb yn ffyddlonach na Dafis y gwinitog. Er nag odd Dafydd ddim yn ilod yn unman rodd Dafis yn galw'n gyson. Synnwn i fawr nag odd o'n galw er mwyn *"re-chargo'i batteries"* ysbrydol yn naws hapus-ddoniol, a di-wenwyn tulu Tŷ Cornel, a medde Dafydd wrtho fe un dwrnod:

"Rwy'n ddiolchgar iawn i chi, Mr Davies, am droi miwn i'n weld i mor amal, a phan fydda i farw rwy 'i am i chi gymryd at yr angladd, ond ar un amod, cofiwch."

"Beth yw hwnnw, Mr Morris? "

"Cofiwch nawr, Mr Davies — dim ond gair bach yn fyr, a dim nonsens. Ŷch chi'n gweld, fydd na fois yn yr angladd fydd yn 'yn napod i yn llawer iawn gwell na chi. Wetyn llia gyd wetwch chi, gore gyd i bawb."

Gwitha'r modd, mewn fawr amser wetyn bu rhaid i Defis y gwinitog gymryd at y gorchwyl anhapus, a whare teg, fe gatws at 'i air hefyd. Pan gladdwd Dafydd Morris, fe gollson ni gymeriad hapus o'r ardal 'co, un siriol, a byth gŵg ar i wyneb e.

Hapus yw'r deryn sy'n canu: fe ganws Dafydd Morris hyd y dwetha.

Isaac John

Rwy'n cofio pan rown ni'n grots yscol rodd hi'n dicwdd bod yn ddirwasciad ym marchnad y glo stîm, a fe ddâth 'na groc-lwth o fois y mynydde (fel y byddwn ni yng Nghwm Tawe 'ma'n galw gwŷr Rhondda, a chymodd y dwyren) lawr i ardal y glo carreg i witho. Fel bysech chi'n dishgwl, fe ddâth rhai cymer-iade dicon brith lawr 'co hefyd. Rodd boled o gwrw a ffeit i rai ohonyn nhw'n llawer mwy dymunol na hyd yn ôd cino dwym, er cofiwch, bod 'co ddicon o'r short hynny ishws yng Nghwm Tawe heb 'chwanegu at y cyfryw rai.

Fe ddâth 'co dulu i fyw ar bwys tŷ ni, tulu dicon caredig, a mor barod 'u cymwynas a buws neb eriôd. Gwitw odd Bopa Marged fel rown ni blant yn 'i napod hi (dyna'r unig Bopa fu gen i eriôd —wrth gwrs motrypedd odd wiorydd nhad a mam i ni) a'i dou lycad hi odd Isaac John 'i mab. Wedi colli 'i dad yn y Rhyfel Byd Cynta' bu rhaid iddo fynd i ennill 'i "doc" yn ifanc iawn, a whare teg iddo fe hefyd, fe sticws gyta'i fam fel gliw a'i helpws hi ym mhopeth y galle fe.

Rodd Bopa Marged yn diodde'n arw o'r gwynecon, a dyna le byse mam wetyn yn mynd miwn bob cyfle posib odd gyta hi i weld os odd ishe 'neud rhwpeth 'no. Fe alla'i ddychmygu mod i'n 'i chlywed hi nawr yn sharad yn nhafodieth fain Cwm Rhondda,

"Bore dê, Mrs Hopcyn. Dewch y'mlên at y tên 'ma i dwymo 'ch trêd. Fe gewn ni'n dwy bobo ddishgled fêch o de 'newr. Ma'r tecil ar y tên yn dechre cênu . . . . " a dyna le byse nhw'ch dwy wetyn yn clepran am ryfeddode Cwm Rhondda, er na fu mam eriôd yng Nghwm Rhondda, am y gwn i.

Fi odd yn negesua tros Bopa Marged yn ystod 'rwthnos, a'r tâl am hynny odd tair bob nos Wener pai gan Isaac John. Yn wir, rodd e'n ffortshwn i fi 'radeg hynny. Heb y pishin tair hwnnw fyswn i eriôd wedi gweld y serials cyffrous *Pearl White* yn nyddie y *silent films,* na ecsploets anfarwol y cowbois Tom Hicks a Buck Jones. O na! Heb y pishin tair nos Wener pai fyswn i wedi colli holl ddoniolwch Charlie Chaplin a Harold Lloyd, ac amryw erill. Rwy'n 'u cofio nhw gyd fel ddo. Pob un yn 'i ffordd arbennig 'i hunan yn creu arswd, a syndod, doniol- wch a wherthin, ar genhedleth ifanc Cymru fu. Rown ni gyd yn ffoli arnyn' nhw, ac i Isaac John rwy i'n ddyledus am y cof sy' gen i amdanyn nhw.

Nid yn amal gwelsech chi deip Isaac John. Do'dd 'neud cymwynas i rywun byth yn drafferth iddo fe, yn wir, ro'dd e'n bart o'i gymeriad e i fod yn garedig.

Ma'i'n bwysig bod gan bob dyn 'i hobi, a phrif bleser Isaac John odd catw clomenod rhasus. Rodd e wrth 'i fodd yn y cwb gyta'i glomenod lawr yn wilod yr ardd. Synnwn i fawr na fyswn i'n gweud yn itha reit taw'r cwb odd *Palace of Culture* Isaac John. Rodd e wedi studio'r fusnes o'r clomenod rhasus *"to a fine art".* Rodd e'n clepran â nhw fel 'se nhw'n blant, a'u trafod mor ddelicêt a 'se nhw'n lestri *china.* Heblaw hynny rodd e'n lico mynd i weld ambell i gêm o rygbi hefyd. Ond cofiwch dodd e' ddim yn adict i'r gêm honno fel ro'dd e i'r fusnes y clom- enod rhasus. O na! Ond, pan fyse Cymru'n whare ar Barc-yr- Arfe, rodd e'n cisho mynd 'no bob tro i gefnogi'r cryse cochion. Rodd e'n Gymro i'r carn y dwrnod hwnnw.

Anghofia i byth o'r gêm gynta' cês i'r fraint o'i gweld hi yng nghwmni Isaac John ar Barc-yr-Arfe. Rodd e' wedi llwyddo i gâl pobo dicet i ni'n dou i fynd i'r stand. Dyna chi brofiad i grwt yscol fel fi, odd gweld *International* am y tro cynta', a thricen mil o fobol gyta'u gilydd yn un cylch mawr am ryw dipyn o ga' fflat scwâr lawr yng nghenol y dyrfa 'ma, a rheiny'n canu gyta hwyl anthem fawr byd rygbi, "Sospan Fach", ambell i emyn cyfarwdd hwnt ag yma, a "Hen Wlad Fy Nhadau" wrth gwrs, wedi i'r whariwrs ddod i'r ca', nes bod 'r eco'n atsain trw'r awyr.

Cymry yn erbyn y Gwyddelod odd hi y diwrnod hwnnw, a'r *Triple Crown* yn y fantol, cofiwch. Pan ddâth y ddou dîm mas i'r ca' rodd y tenshwn yn electric. Rodd crwt yscol fel fi'n medru synhwyro bod y tyndra'n llethol a chefnogwyr y naill dîm fel y llall yn gwiddi'n styrics, a chlapo, ne'n condemnio fel byse'r galw am hynny, a rhyw ddyn bach a'i whistl yng nghenol y berw mawr 'ma gyd. Druan ag e'. Rodd y pŵr dab wastad ar fai, — naill ai'n wthu'r whistl pan na ddylse fe, ne' ddim yn 'neud hynny ar y foment iawn. Rodd e'n gweld rhyw *trifles* o bethe' pan ddylse fe fod wedi cued 'i lyced, a dim wedi gweld pethe pwysig pan ddylse fe fod â'i lyced ar acor. Rhaid bod gan y *referees* 'ma grôn eliffantod. Tybed a otyn nhw'n frîd spesial o ddynion fel rodd clomenod Isaac John, wedi câl 'u brîdo'n arbennig ar gyfer rhasus?

Cyn pen cwarter y gêm, yn syten dyma Isaac John yn nido o'i sêt fel 'se rhywun wedi scwto blân netwdd iddi ben-ôl e', a gwiddi ar dop 'i laish ar y reff, a odd wedi 'neud rhyw gamwri â thîm Cymru, medde fe.

"You bloody ref! Where's your guide dog, mun? You're the only blind referee I've ever seen trying to referee a game of rugby! Go back to the Blind School where you belong, and keep on practising your Braille. That's what you should do."

Rown ni'n gwrido hyd at fôn 'y 'nghluste pan weles i Isaac John ar 'i drâd yn cyhoeddi i'r byd heb flewyn ar 'i dafod fod e'n hawlio cyfiawnder ar Barc-yr-Arfe, ta beth i. Yn rhyfedd iawn nid un llef fain yn gwiddi "Cyfiawnder" o'dd hi yn prynhawn hwnnw, ond y milodd yn gwiddi fel un. On'd yw hi'n od fel y gall gêm o rygbi boethi gwâd, a chynhyrfu timlate y Cymry mwya claear am un prynhawn bach ar Barc-yr-Arfe?

Fel ro'dd y gêm yn mynd mlân yn yr ail hanner, fe dynnws rhywun sylw un o'r Gwyddelod odd gerllaw at ddyn bach odd yn ishte o'n blân ni, a hwnnw mor ddigyffro â dyn clai, heb ddangos unrhyw emosiwn o gwbwl naill ochor na'r llall trw' gydol y gêm. Rodd e fel carreg. Yn wir rodd e'n ddiflas o ddiduedd, a medde'r Gwyddel, gyta fflach o hiwmor parod y Gwyddyl:

"Sure me man! By the Holy name of Saint Patrick — this man has no religion. He must be possessed by the very devil himself! Sure, Taff! He must be a right down atheist — indeed he must be, Taff."

Yn yr hwyl, a'r halibalŵ fe ddâth y gêm i ben. Fe wadws Cymry fois y cryse gwyrdd yn dost y dwrnod hwnnw (un pwynt-

ar-bymtheg i ddim) a chatw'r *Triple Crown* wrth gwrs, a fel 'se
hynny ddim yn ddicon o ddolur i'r Gwyddelod rodd yn rhaid
i Isaac John rwto rhacor o halen yn y briw:

"Boys! I'm glad to have met you, and a very pleasant jour-
ney to you all back to Ireland, but I'm sure when this sad news
will reach Rome that the Pope and the whole of Vatican will be
in full mourning to-morrow, and I wouldn't be surprised that
all flags will be at half-mast for the whole week. So long boys! "
a bant â ni.

Na — anghofia i byth mo'r prynhawn rhyfedd hwnnw ar
Barc-yr-Arfe. Er i fi fod 'no droeon wetyn, do'dd yr un wefr ar
y gême. Fel y gwetws Williams yn un o'i emyne mawr,
"Nac aed hwnnw byth o'm cof."

Ond er yr hwyl, a'r tensiwn, yr hiwmor, a'r difrïo, uchafbwynt
y diwrnod i Isaac John, wedi'r cwbwl odd dod sha thre at 'i
fam, a'i glomenod. Yn y bôn rodd e'n gyment o *Homer* ag un-
rhyw un o'r atar odd yn y cwb lawr ar wilod yr ardd.

Llety'r Golomen

Rodd hi wedi bod yn macsu am storom o dyrfe trw'r bore,
ond 'mlân sha amser cino, yn syten, dyma lucheten a chracod o
dwrw gyta'i gilydd nes bod y cwm 'co'n clandarddan i gyd.
Fe shiglws tŷ ni hyd at 'i seilie nes bod jwg ne' ddwy off o ar y
seld a thorri'n yfflon jibidêrs ar lawr y gecin. Felny buws hi am
brynhawn cyfan, a'r glaw yng nghwt hynny fel 'se fe'n dod o
fwceti. Rown nhw'n cisho gweud i gwmwl dorri ar y mynydd,
a taw hynny fu achos y cenllif olchws bopeth o'i flân lawr trw'r
cwm 'co, yn erddi, a thwlce moch, a ffowls, ynghyd â chwb
clomenod Isaac John. Lwcus bod drws y cwb yn dicwdd bod
ar acor, a felny achupws y stoc glomenod, ond gwelws neb mo'r
gweddill, na'r cwb byth mwyach.

Fel bysech chi'n dishgwl bu'r cymdocion yn cisho dyfalu'r
golled trw'r cwm 'co, a chydymdimlo, a helpu hwn a'r llall, —
tulu a'r tulu wedi colli mochyn ne' ddou, tulu arall wedi colli'r
ffowls 'u gyd, ac ambell i arddwr ar ôl llafur caled, a chosti
llawer, wedi colli holl gynnyrch 'i ardd, ond miwn spel wetyn
welwd resylt y storom honno yn iawn. Cyment fu'r braw, a'r
ofon y prynhawn arswydus hwnnw, nes amharu ar gyflwr iechyd
rhai o drigolion yr ardal, gan gynnws Bopa Marged. Bu rhaid
iddi gatw gwely, a dâth dim lot o ddioni ohoni wetyn oherwydd
cyflwr y galon. Cretwch chi fi, fe gollson ni gymdoces spesial
pan claddwd Bopa Marged.

Yn y cyfamser fe âth Isaac John ati ar unwaith i gwnnu
lloches newydd i'r gweddill o'i glomenod. Bu wrthi'n cario hen
sheets sinc o'r gwaith, a phopeth arall welse fe'n iwsfful at neud
y sied 'ma. Fe'i cwnnws hi ar Graig Iorath, yr ochor draw i'r tŷ,
yn sâff o afel unrhyw genllif arall. Er fod y sied yng ngolwg y
pentre, dicon anhipen a digrefft odd hi, ond rodd hi'n 'neud y
tro, a dyna'r cyfan.

Dodd mo'r amser gan Isaac John nawr i fwyda'i glomenod cyn mynd sha'r gwaith yn y bore, a fe gês i'r swydd bwysig o fod yn ofalwr rhan amser, a'r tâl am hynny yn cwnnu o dair cinog i swllt bob nos Wener pai. Rown i nawr yn un o grots cyfoethoca'r cwm, a thipyn o arian spâr i brynu taffis a sioclets fel medrwn i wledda fel lord tra'n dishgwl ar antics anfarwolion y *silent films*. Dos dim ishe gweud bod gen i fwy o bartners nawr nag eriôd o'r blân.

Ond mâs o law fe ddâth r'amser da 'ma i ben. Fe welws Isaac John ma' nid da bod dyn yn byw wrth 'i hunan. Fe gas fenyw miwn fel *housekeeper,* ond nid ond dishgwl ar ôl y tŷ, 'nath Deborah Gwen. O na! Fe rows mei ledi tipyn o sylw ecstra i Isaac John. Miwn 'chydig amser, yn lle bod Deborah Gwen yn cario'i photeled o ddŵr twym i'r gwely bob nos fe âth e, mei lord, i'r gwely ati, a chymryd lle'r botel, — ond pidwch â nido i goncliwsions nawr, a chamddeall pethe. Whare teg iddyn' nhw. Wedi câl yr hawl yn swyddogol gan gyfreth gwlad âth y ddou at 'i gilydd i gyscu dan 'run blanced.

Rodd Deborah Gwen yn gapelwraig selog, a fe benderfynws 'i bod hi'n llawn bryd 'neud rhwpeth ambothtu Isaac John, a'r clomenod rhasus 'na. Dodd y peth ddim yn gweddu â naws capelwraig barchus fel hi. Medre ddiodde Isaac John yn iwso ambell i derm o iaith anbrintedig gwaith glo pan fyse neb arall yn clywed, ond rodd catw clomenod rhasus yn rhwpeth hollol annuwiol. Gwâth na hynny, rodd 'neud bets ar y rhasus 'ma yn sicir o arwain 'i gŵr ar 'i ben i ddistryw a chospediceth drag-wyddol.

Ro'dd yn rhaid câl barn y Parchedig Cadwaladr Ifans, B.A., B.D., ar y mater 'ma. Fel gwinitog Horeb fe dimlws hwnnw fod hi'n ddyletswdd arno gisho achub Isaac John o annuwioldeb y clomenod rhasus 'na.

Wedi dod sha thre o'r gwaith, ymolch, a châl tipyn o fwyd fe ath Isaac John fel arfer at 'i glomenod ar y graig. Wedi rhoi tipyn bach o'r titbits spesial i bob un yn 'i dro, fe agorws ddrws y sied, a bant â nhw wetyn ar 'u haden i'r byd mawr agored Ishteddws ar foncyff gerllaw, a syllu ar y clomenod yn hetfan yn nôl a blân, a rownd i'r graig, yn gwmws fel 'se nhw wedi medd-wi ar yr heulwen hyfryd y prynhawn hwnnw. Rodd 'u gweld nhw'n hofran yn yr awyr i Isaac John yn wyrth, a fedre fe ddim llai na thimlo y foment honno fel borsto mâs i ganu emyn mawr Tomos William:

> *Adenydd colomen pe cawn,*
> *Ehedwn, a chrwydrwn ymhell,*
> *I gopa bryn Nebo mi awn,*
> *I weled ardaloedd sydd well.*

Rodd e wedi ymgolli cyment yn y rhyfeddod 'ma, fel na welws e 'r hen batriarch Cadwaladr Ifans yn pwffan 'i ffordd yn ara deg lan ar hyd y llwybr odd yn arwen at y sied. Medde hwnnw miwn llaish trwynol, gwichlyd:

"Prynhawn da, Isaac John."

"Prynhawn da, Mr Ifans," atepws Isaac John gyta rhyw gyment o syndod. "Ma' tipyn o amser ers pan weles i chi ddwetha," medde fe wetyn.

"Fe ddylswn wedi bod yn ych gweld cyn hyn, Isaac John."

"Popeth yn iawn, Mr Ifans, ond falle 'se ni'n perthyn i gorlan y defed gwlanog 'se chi wedi rhoi tipyn mwy o sylw i fi. Ond dyna fe, beth well ŷn ni o wilia, ma'i'n brynhawn bendigedig on'd yw hi? "

"Oti, ma' hi," atepws y gwinitog yn swta.

"Dyma shwd ddwrnod sy'n ala dyn i dimlo'n falch 'i fod e'n fyw. Dishgwlwch ar y clomenod co'n mwynhau 'u hunen yn yr awyr. Ma' nhw wedi dwli ar yr heulwen 'ma."

"Os gwelwch chi'n dda, gadewch i ni ddod at y pwynt heb wamalu rhacor," medde'r gwinitog gan symud nôl a blân, fel 'se fe yn anesmwth'i feddwl erbyn hyn, a medde Isaac John yn brofoclyd, oherwydd rodd e ishws wedi ffroeni taw fel llys-gennad tros Deborah Gwen rodd y Parchedig Cadwaladr Ifans wedi ymweld ag e y prynhawn hwnnw, ac nid fel Cenhadwr Hedd ar ran y Bod Mawr,

"Clywch ar y fronfraith 'na'n canu wrth 'yn penne' ni, Mr Ifans. Synnwn i fawr nad gwyrth fu'n gyfrifol am roi i shwd lond dwrn o gnawd ac escyrn â honna y gallu i greu node mor syml yn 'i cheg, a wetyn arllwys y cyfan i'r awyr agored nes bod y cwm yn eco i gyd. Fedra i weld rhyw gymeriad yn rhoi harddwch i flotyn. Dishgwlwch ar y clomenod 'co'n plesera ar 'u adenydd, a mwynhau'r heulwen yn gwmws fel ŷch chi a fi'n dotio ar yr heulwen ma'. Na; Mr Ifans, chreta i byth bod monopoli o'r Bod Mawr i gyd gyta chi tu fiwn i beter wal Horeb, ne fyse'n go Horeb-l arno ni.''

Fe shiglws Isaac John rhyw gyment ar y gwinitog, a medde fe'n surllyd:

''Rwy' i am i chi gofio bod gyta chi wraig barchus yn Deborah Gwen, cofiwch.''

''Mi wn i hynny'n iawn.''

''Yn flaenllaw gyta gwaith y capel.''

''Dôs dim dowt am hynny, pan fydd gyta chi sosial a ishe 'neud jeli a treiffls, a'r blwmonj. Synnwn i fawr nag yw Deborah Gwen o'r farn bod llond basned o jeli nid yn unig yn demando parch y wiorydd a'r gwinitog, ond hefyd yn ennill ffafwr y Bod Mawr 'i hunan. Ma' na fobol felna i gâl sy'n cretu medran nhw gâl sêt flân ym Mharadws y Saint, rhwpeth mor shigledig â lwmpyn o jeli.''

Drychws y Parch ar 'i watsh —yn wir rodd e dipyn yn ddryslyd 'i feddwl erbyn hyn— a medde fe'n itha pwt:

''Ma' gen i gyfarfod arall y prynhawn 'ma. Dydd da i chi.''

''Dydd da, Mr Ifans. Gobitho cewch chi well hwyl yn y cyfarfod nesa.''

Fe ath y gwinitog heb hyd yn ôd yscwd llaw â Isaac John, a throws miwn ar y ffordd i roi report i Deborah Gwen.

''Ma' arno'i ofon bod y diafol wedi câl llwyr afel yn ych gŵr, gwitha'r modd, merch i. Bob tro ma' e'n cerdded tua'r sied glomenod 'na, ma' e'n troedio llwybyr annuwioldeb. Piti mawr yw hynny, wrth gwrs. Ie'n wir. Piti! Piti! '' medde fe gan shiglo'i ben fel gwelwch chi gi â ascwrn wedi mynd yn sownd yn 'i ddannedd e.

''Rwy i'n siwr y cytunwch â fi, Mr Ifans, taw rhwpeth hyll a annipen yw'r sied 'na, a hynny yng ngolwg y cwm, a'r pentre 'ma.''

''Oti ma hi, Deborah Gwen.''

''Beth 'se'r cynghorwr Tomos Titus yn cwnnu'r cwestiwn yn y cyngor, er mwyn câl gwared ohoni *altogether*? ''

''Syniad da. Ie'n wir. Ma' gyta chi feddwl craff, Deborah

Gwen. O's wir. Fe alwa i nawr gyta'r cynghorwr ar y ffordd sha thre, ond dim gair wrth Isaac John, cofiwch."

"Dôs dim ishe i chi fecso, Mr Ifans. Daw dim gair wrtho i."

Dyn pwysig iawn odd Tomos Titus, ne' fel rodd pawb yn 'i napod e, Cownselar Tomos Titw Las, oherwydd taw gŵr bychan o gorff oedd e, ac yn byw yn y tŷ cynta yn Heol Las. Rodd e'n dipyn o ddiplomat, trw fod yn gyflawn ilod yn y ddou sefydliad mwya parchus yn yr ardal 'co — Capel Horeb ar un llaw, a'r *Working Men's Club* ar y llaw arall. Iddo fe, rhyw fath o in-shiwrans polisi rhag tân uffern odd Horeb, a'r llall yn *guarantee* o *full support* mewn adeg lecsiwn. Felny rodd Cownselar Tomos Titus yn ddyn parchus yn Horeb, yn ddyn poblogedd yn y Clwb, a rhwng y ddou rodd e'n ddyn pwysig yn y cwm 'co.

Fe dimlws Isaac John bod hi'n llawn bryd iddo fe ddoti Deborah Gwen i ddeall taw yno fel gwraig rodd hi, a nid fel pen-wraig fel licse hi fod. Wedi i'r clomenod ddishgyn nôl ar lawr y sied, fe rows y clo arno, a throi sha thre, gan bwsho'i ddulo lawr yn deitach nag arfer i wilod poceti 'i drwsus. Rodd yn amlwg bod rhwpeth yn ots nag arfer ar 'i feddwl e'. Wedi cyrradd y tŷ, medde fe,

"Hylo, Deborah Gwen! Fe ddath gwinitog Horeb i'n weld i y prynhawn 'ma, lan wrth y sied."

"Dofe?"

"Buws e fawr gwell cofia."

"Tepyc iawn."

"Ar y ffordd lawr nawr rhown i'n meddwl fe licswn i 'se ti'n catw miwn cof un peth bach pwysig."

"Beth yw hwnnw?"

"Rwy i am i ti ddeall, 'se mam yn fyw heddi, 'se ti ddim 'ma cofia. Fyse ti wrth d'hunan o hyd lan yn y bwthyn bach 'na yn nhop y cwm ar y shelf gyta'r jwge, a'r *antiques* odd gyta ti 'no. Chlywes i ddim i neb ddod hibo i dwlu llycad, na chynnig amdano ti, nes i fi ofyn os delse ti i ddishgwl ar ôl y tŷ 'ma i fi. Fyddi di cystel â chatw hwnna miwn cof bob amser, groten dda, a dyna fi wedi cwpla beth sy gen i 'weud."

Wetws hi ddim gair o'i phen, ond rodd hi'n timlo mor fflat â phlatren wâg. Rodd yn amlwg bod 'i *sails* hi lawr, ond rodd un trymp card gyta'i 'to dan 'i llewysh na wydde Isaac John ddim amdani. Fedra i ddim dirnad beth wetse fe, 'se fe'n gwpod bod y Parch Cadwaladr Ifans y foment honno yn cwnselan â Thomos Titw Las ar ran Deborah Gwen i gâl gwared o'r sied glomenod.

Trannoth rodd Isaac John yn dicwdd bod gyta'i glomenod, pan ddâth glaslanc go bwysig yr olwg ato fe. Gallech feddwl wrth ddishgwl arno fe ma' nid pwtyn o glerc yn swyddfa'r cyngor odd e, ond taw fe *odd* y cyngor, — bwndel o bapure dan 'i gesel, a bowler hat yn y llaw arall, siwt pin-streip, a *bow-tie* mawr am 'i wddwg e.

"Prynhawn da. Ma'i'n ddiwrnod ffein," medde Isaac John yn itha poleit.

"Oti ma'i," atepws y clercyn miwn llaish baritonedd. Hawdd deall ar unwaith bod hwn yn awdurdod ynddo'i hunan, a'se'r Bod Mawr rhwpryd miwn tipyn o benbleth, dim ond consylto hwn odd ishe, a dyna bob problem wedi 'u datrys. Ma' na fobol felna i gâl, a medde fe wetyn, "Twy i wedi dod i weld amboth-tu'r sied ma."

"Beth amdani?"

"Ma' *complaints* wedi dod bod hi'n *eyesore* i'r cwm 'ma, a ma'r cownsil wedi penderfynu nithwr bod hi i thynnu lawr."

Fe gwnnws gwrychyn Isaac John ar unwaith, a medde fe:

"Y diawled! Cere nôl, a gwêd wrth Twm Titw Las a'i gang nag yw'r sied 'ma ddim i ddod lawr i bleso nhw ar unrhyw gownt."

"Ma' 'na gwestiwn bach arall licswn i gâl ateb gyta chi hefyd."

"Beth yw hwnnw?"

"Os rhwpeth gyta chi i ddangos i chi gâl yr hawl gyta'r *landlord* i gwnnu'r sied 'ma?"

Fe welws Isaac John bod e miwn tipyn o dwll, oherwydd miwn gwirionedd dodd e ddim yn gwpod pwy odd yn berchen y graig, na ble rodd e'n byw. 'Runig ateb alle fe roi i'r clercyn bach haerllug 'ma odd:

"Mynda di dy fusnes."

"O, wel! Chi sy'n gwpod, ond os nag ôs, fe fyddwn ni yn gofyn i'r *landlord* ddod ag achos yn ych erbyn chi am drespasso. Ond ambothtu'r sied 'ma, — os na fyddwch chi wedi 'i thynnu lawr miwn 'chydig ddwrnote, fyddwn ni yn ala dynion i 'neud y job a chi fydd yn talu'r gost, cofiwch.''

"Y pigewtyn cythrel! 'Na drad lawr tros y graig 'na cyn mod i'n doti blân 'r esgid dde 'ma yn dy ben-ôl di! "

Rodd hi'n dda gyta'r clercyn ddianc, ond miwn gwirionedd rodd Isaac John miwn tipyn o gawl a photsh, a'r peth gore nawr odd galw Brawdolieth y Clomenod at 'i gilydd ar unwaith er mwyn câl 'u barn nhw ar y broblem 'ma.

Dodd dim dowt ym meddwl 'run ohonyn' nhw nag odd Isaac John yn y trap, ond trw lwc rodd gan y Clwb lywydd anrhydeddus iawn, — gŵr o'r enw Jonah Bifan, contractor tai wrth alwedigeth, ond naturiaethwr o fri, a'i brif ddileit odd catw atar o bob short, a medde fe:

"Ma' gen i gabin pren tu ôl i'r tŷ 'co fydd yn siwto'n iawn tros dro, ta beth i, dim ond i Isaac John ofalu bód dicon o fwyd ar gâl iddyn' nhw. Gadewch chi bopeth arall fod i fi.''

Ond y felltith nawr odd bod 'yn swllt i bob nos Wener pai yn dod i ben, ond whare teg i Isaac John, fe gatws mlân i roi pishin tair am neud rhyw fân neges trosto fe o hyd. Fel bysech chi'n ddishgwl, ro'dd Deborah Gwen a'r gwinitog yn falch iawn o glywed bod y sied i ddod lawr, ac yn ddiolchgar bod gyta nhw ddyn mor bwysig yn ilod yn Horeb â'r Cynghorydd Tomos Titus. Wrth gwrs o'dd e fawr o wanieth bod e'n ilod yn y Clwb 'run pryd.

Rodd Isaac John wrthi'n fishi yn doti'r clomenod yn y pasceti er mwyn 'u symud nhw iddi cartre newydd, pan ddâth neces bod Jonah Bifan am 'i weld ar unwaith. Bu e fawr amser cyn cyrradd cartre'r "contractor".

"Beth sy' Mr Bifan? "

"Wyddost ti am y stripyn tir 'na sy' rhwng Mans' Capel Horeb, a thŷ Tomos Titw Las? "

"Gwn yn iawn."

"Ma'r stripyn tir 'na ar werth, a ma'r perchen yn folon 'i werthu am yr un ddime talws e amdano fe. Rodd e' wedi bwriadu cwnnu byngalo 'na ar ôl ritiro, ond ma' e wedi newid'i feddwl. Ma'r plans ishws wedi câl 'u derbyn gyta'r cownsil, a ma' nhw i gâl am ddim i'r prynwr newydd; hynny yw, os bydd e'n moyn nhw."

"Beth yw'r prish? "

"Dyma fe i ti," medde'r contractor gan dynnu llythyr o'i boced a'i ddangos i Isaac John.

"*Splendid,*" atepws Isaac John. Rodd hwn yn gyfle'i fywyd, a medde fe wetyn, "Cofiwch nawr 'te, dim gair wrth neb."

"Dim gair, ar 'yn llw."

Miwn 'chydig ddwrnote rodd Jonah Bifan a'i ddynon 'na yn torri lle i roi seitie'r byngalo newydd, a mawr fu'r holi a'r dyfalu pwy odd yn dod 'na i fyw. Rodd 'rhen Gadwaladr miwn gopeth byse'r cymdocion newydd yn fobol barchus o leia' a falle'n dod yn ilote i Horeb, ond am Tomos Titus, — y peth holl bwysig iddo fe odd 'u cefnogeth nhw adeg lecsiwn.

Wedi'r gwaith o gwnnu'r byngalo ddod i ben fe âth y contractor mlân â'r gwaith o neud rhyw adilad od lan yn nhop yr ardd, — adilad o frics coch, ar bileri concrit, steps sement i fynd lan iddo fe, — platfform i gered reit rownd, ffenestri mawr, a'r drwse yn y cefen. Rodd y dyfalu nawr yn fwy nag eriôd. Rhaid taw rhyw artist odd yn dod 'no i fyw, — rhyw fobol od ŷn nhw ar y gore. Neu, oherwydd y platfform o'i amgylch, rhaid taw rhywun yn 'studio'r sêr odd e, a ma' nhw'n odach byth; ond wedi hir ddishgwl, o'r diwedd fe ddâth diwrnod y sioc i bawb.

Rodd Cadwaladr Ifans wrth y ford yn câl cino pan welws e lori tu fâs i'r byngalo, a'i llond hi o gelfi. Yn naturiol, fel gwinitog yr efengyl, rodd hi'n ddyletswdd arno fynd ar unwaith i groesawu'r cymdocion newydd. Rodd e'n dicwdd bod yn·cnoi llond pen o fara menyn ar y pryd, pan welws e Isaac John yn dishgyn o'r lori yn cario dwy basced yn llond o glomenod. Fe gâs shwd sioc nes i hanner y bara menyn slipo lawr iddi gecen wynt e. Bu e bron â thacu yn y man a'r lle. Wedi lot o beswch a bwldacu, a chlatsho'i gefen e ddath 'i ffordd oir i witho'n iawn.

Yr ochor arall i'r byngalo, bu'r ypset gyment i Tomos Titw Las fe ma' nid ond troi 'i liw dwy ne' dair gwaith nâth e, ond fe drows 'i gorff hefyd. Bu rhaid iddo'i baglan hi am y tŷ bach, a nôl a blân i'r lle pwysig hwnnw bu e trw'r prynhawn.

Ond beth am Deborah Gwen? Fe weta'i wrthoch chi. Pan wetws Isaac John wrthi beth odd i gymryd lle, a gweld y lori tu fâs i'r tŷ, fe oerws i gyd, a wetyn yn fflop ar y soffa mewn llewyg. 'Nâth neb lot o sylw ohoni, a fe âth pob un o Frawdol-

ieth y Clwb Clomenod 'mlân â'i waith o gario'r celfi i'r lori.
Pan ddâth hi at 'i hunan bu hi ddim yn hir cyn sylweddoli pwy
ochor i'r bara ma'r menyn.

Os dicwdd i chi fynd trw scwâr y pentre 'co, trowch ar y
dde, a lawr tua dou can llâth ma' na fyngalo ar y llaw with, a'r
enw miwn llythrenne brishon, *Llety'r Glomen.* Dyna'r lle i
chi sy'n adilad coffa i'r diweddar Isaac John.

Y "Triumph"

Rodd Barbara Maud yn dicwdd bod yn y scyleri pan ddâth Wili Tom 'i gŵr sha thre o'r gwaith. Rodd hi mor bwt â baw, a dim ond dishgwl ar 'i gwyneb hi odd ishe i weld bod rhwpeth wedi ypseto mei ledi y dwrnod hwnnw. Pan glywws Jimi'r cwrcyn sŵn trôd Wili Tom yn y gecin bac, fe gyffrws ar unwaith o'i gwsc o flân y tân, a mewian 'i groeso arferol iddi fishter, ond fe ddigwyddws y pŵr dab rwto ar draws côs Barbara Maud, a'r peth nesa' rodd e'n mynd — whiw! — hibo Wili Tom, gyta blân trôd Barbara Maud yn 'i helpu e fynd trw'r drws. Safws e ddim nes bod e yn y berth lawr yn wilod yr ardd. Timlws e' ddim mor ddolurus o gyfeiriad 'i ben-ôl eriôd cynt na wetyn. Ddath e ddim yn ôl yn acos i'r tŷ y nosweth honno. Fe bwtws, a nid heb achos hefyd.

"Wel, Babs! Pwy sy' wedi dy gyffro di heddi? " gofynnws Wili Tom yn itha poleit, gan ddoti 'i focs a'i stên waith ar gornel y ford. Fe wydde'n dda bod yn gas ganddi 'i enw bedydd, ac iddi felltithio 'i rhieni bob dydd o'i bywyd am roi iddi shwd enw twp.

"Wili Tom! " medde'i gan wascu 'i gwefuse'n dynn ar draws set o ddannedd doti newydd gas hi adeg angladd 'i mam. Fe wetws Wili Tom droeon, bob tro rodd e'n dishgwl ar wyneb Barbara Maud a gweld y set dannedd eu bod nhw'n 'i atgoffa o'r dwrnod hwnnw câs e wared o'r hen greadures fusneslyd, i fam-yng-nghyfreth. Dyna'r momento gore odd gyta fe yn y tŷ, medde fe. "Wili Tom! ! " medde'i wetyn. "Byse'n dda 'se ni heb fynd lan i'r pentre i siopa bore 'ma. 'Se ni heb gwrdda'r hen ffrompen 'na sy'n byw yn y tŷ top 'na wetyn."

"Lisa Meri rwyt ti'n feddwl? "

"Lisa Meri Paish a Ffrog rwyt ti'n feddwl," torrws Barbara Maud ar draws Wili Tom gyta fflash o gasineb yn 'i llyced.

Ro'dd rhieni Lisa Meri yn dicwdd bod yn catw siop dillad mynwod yn y pentre 'co. Er mwyn helpu tipyn ar ddatblygu'r fusnes fe âth 'i thad i werthu stwff o ddrws i ddrws, a felny ddâth yn 'nabyddus fel Rhyw Tomos Paish a Ffrog. Cofiwch, ro'dd 'rhen Rhys yn gymeriad dicon dymunol.

"Wel! Beth 'ma Lisa Meri wedi 'neud 'te, bod hi wedi dy ypseto di fel hyn? " gofynnws Wili Tom.

"Rodd hi'n dicwdd bod mâs yn golchi'r car, a meddwn i yn itha serchus, 'Bore da, Lisa Meri',

'O — bore da, Mrs Mathias,' medde'i fel rhyw pili-pala fach faldotus, newydd ddod o'r plisgyn. 'Be th ych chi'n feddwl am 'yn car newydd ni? '

'Dw i'n deall dim ambothtu'r ceir 'ma, ond dw' i'n lico dim o'i liw e, ta beth i,' atepes yn hollol ddifeddwl.

'O! ' medde'i gan gwnnu'i thrwyn yn ben-uchel. Fe wyddwn i 'mod i wedi sengid ar 'i chyrn hi yn reit 'i wala. 'Beth sy' ar 'i liw e', licswn i wpod? ' gofynnws wetyn, gan fynd mlân a thascu'r dŵr tros y car i gyd.

'Ma' lliw melyn yn troi arno i,' atepes inne. 'Ych-a-fi! Ma' e'n dishgwl yn depyc 'se lot o loi bach wedi 'neud 'u busnes trosto fe! "

"Rwy i'n siwr bod hi'n wenfflam wetyn te," medde Wili Tom yn wên o glust i glust.

"Fe shgwlws arno'i fel 'se'i'n barod i 'neud *attack* arno'i. Gweles hi'n cued 'u dwrne, a'u gwascu nhw'n deit ar draws 'i ochre, a medde'i'n scornllyd:

'Rwy *i'n* 'i lico fe, ta beth i, ond dyna fe — jelys ŷch chi. Chi'n gweld, Mrs Mathias, dych chi ddim mor bopiwlar â ni yn y lle 'ma. Fe allwch chi shiffto heb gar, ond 'ma statws ni wedi mynd lan dipyn ers pan 'ma David Albert ni wedi câl 'i 'neud yn swyddog yn y gwaith glo. Synnwn i fawr na fydd e'n câl i 'neud yn *overman* yn syten fach'."

"Dyna ti grechen yr yffern o fenyw, ontefe? " medde Wili Tom gan golli rhyw gyment o'i dymer ar glywed hyn. "Rhyw shinibinc o *official* yw e ar y gore. Ar gario clecs i'r manajer ma' e wedi câl y job! "

"Fe wetes i wrthi hefyd, taw Dai Albi ddylse wishgo'r baish a'r ffrog, a hithe'r trwsus."

"Rwy i'n siwr bod hi'n twli a thascu wetyn 'te."

"Twli a thascu wedest ti! Yn 'i themper gwyllt, fe ddigwydd-ws daro ar draws y bwced odd yn 'i ymyl hi, a hwnnw'n llond o ddŵr a sepon nes bod hi yn 'i hyd yn wlyb potsh-poten. O ie, dyna beth arall wetws hi, bod nhw fel tulu nawr yn mynd yn ilote i'r Eclws. Ma 'na fobol llawer mwy sidêt yn mynd 'no na sy' yn y capeli, medde hi. Ond clyw, Wili Tom, dyw'r snoben fach ddim i gâl y gore arno i. O nagyw. Rwy am i ti ddod gen i nawr ar unwaith i garej George Tomos."

"I beth?" gofynnws hwnnw gyta syndod.

"Ond car, bachan. *Car, w.*"

Fel bysech chi'n dishgwl fe gâs y ddou groeso cynnes gan berchennog y garej, a chyn pen fawr amser rodd Barbara Maud wedi ffansïo car bach *Shell Grey* neis, a gwiw odd i Wili Tom weud gair yn 'i erbyn hi, na awgrymu dim arall.

"Dyma fe, Wili Tom. Dyma ti liw gweddus. Bydd hwn yn siwto i ni fynd i angladd, ne' briotas, i'r hospital ne' am bicnic mâs i'r wlad ar ddwrnod ffein. Dishgwl ar 'i enw fe 'te — *Truimph Herald*. Dyna ti enw, bachan. Ma' hwn ishws yn cyhoeddi buddugolieth hyd yn ôd ar Lisa Meri Paish a Ffrog cyn bod e'n dod o'r garej — *Triumph Herald* amdani, Wili Tom."

"Ond beth am ddysgu drifo'r car, a beth am le iddi gatw fe?" Pan ddâth hi'n amser setlo i dalu am y car fe ddâth tactics menyw i'r golwg fel stîm yn cwnnu o injin dân. Nôl y telere, rodd y *Triumph* i gâl 'i gatw 'no nes bod hi'n câl amser i gwnnu lle spesial iddo fe. Dodd dim pob short o dwlc yn 'neud y tro i hwn, a bod prif fecanic y garej i'n dyscu ni'n dou i ddrifo'n iawn. Wrth gwrs rodd yn rhaid i ni 'i gydnabod e am hynny.

Fe ath popeth *according to plans* Barbara Maud. Bu'r ddou yn ddyfal yn dyscu drifo, a miwn rhyw fish fe wetws y mecanic bod y ddou yn itha parod i drio'r test yn 'Berhonddu. 'Se chi heb gyffro o'r fan 'na, fe baswn Barbara Maud y test yn hawdd, ond pan ddâth hi'n dro i Wili Tom i drio, fe âth pethe'n ffratach wyllt. Rown nhw ar 'u ffordd yn drifo i gyfeiriad pentre Crug-hywel pan rodd 'na fan bara yn dicwdd bod ar ochor yr hewl yn 'u gwynepu nhw, a dou ddrws ôl y fan ar acor lêd y pen. Pan own nhw ar fynd hibo'r fan, dyma rhyw slopen fawr o fenyw, a phwdwl bach gwyn yn un llaw, a dwy dorth dan y fraich arall yn camu o'r tu-ôl i genol y rhewl. Dyma'r *brakes* lawr Bang. Fe gâs y fenyw shwd ofon nes iddi dwli'r ci bach ar draws y pafin siment, a'r ddwy dorth yn rholo fel dwy bêl i genol pwllyn o lacs. Fe gollws y fenyw 'i balans nes bod hi ar ascwrn 'i chefen, a medde Wili Tom wrth atrodd yr hanes wrtho i wetyn, taw dim ond pentwr o ddillad isha' glas a gwyn odd i weld 'no.

Rodd dyn y fan fel cannwll gorff, y ci'n cyfarth a screchen nes distyrbo'r pentre, — y fenyw 'n gwiddi nerth 'i chêg, a Barbara Maud yn catw mwstwr fel ŵter gwaith glo. Rodd popeth 'no'n shang-di-fang bothtu winc. Rodd Wili Tom, a'r dyn odd yn rhoi'r *driving test* bron bod yn nerfys *wreck*. Fe gâs dyn y fan, a'r fenyw glywed tipyn o flas 'i dafod e, ond dim ond "Black Mark" gâs Wili Tom.

Fe ddrifws Barbara Maud y *Triumph* sha thre tros y Bwlch, a lawr i Gwm Tawe, a hibo i Graig-y-Nos mor ffrôn-uchel â Chwîn o Sheba. Pan ddâth hi gerllaw y tŷ lle ma' Lisa Meri a Dai Albi yn byw, dyma'i'n stopo a chanu'r corn yn ddibaid. Dyma'r ddou hynny mâs ar unwaith i weld beth odd yr holl fwstwr 'no, a dyna gyd 'nâth Barbara Maud odd rhwto bys cynta o'i llaw dde ar 'i hyd ar draws 'i thrwyn, a wetyn 'i gwnnu e i'r awyr, a bant â hi.

Rhyngddo chi a fi'n dawel fach, rodd Barbara Maud weti cretu taw dim ond dou *Triumph Herald* eriod odd wedi câl 'u 'neud — un iddi hi, a'r nall i'r Prif Weinidog, ond fe gâs mei ledi dipyn o sioc pan welws hi bod cyment o geir cyffelyb ar gâl, a hyd yn ôd o'r un lliw. Dyna ddigwyddws un bore Satwrn pan âth hi sha 'Bertawe i siopa, a'i roi e miwn car-parc tros-dro. Nid un *Triumph Shell Grey* odd 'no ond llawer.

Wedi dod i ben â'i siopa, dyma'i'n dechre'i ffordd sha thre. Fel rodd hi'n dicwdd bod y dwrnod hwnnw rodd y traffic tipyn yn drwmach nag arfer. Rodd 'i holl feddwl hi nawr ar y drifo, ond er syndod y byd, fe dimlws rhwpeth o'r tu-ôl iddi yn lluo'i gwar. Bu bron iddi gâl llewyg yn y fan a'r lle. Fe stopws yn stond, a bu bron i'r car odd yn dilyn daro ar draws y *Triumph Herald*. Lwcus bod y dreifar hwnnw â'i holl feddwl ar yr hewl, a nid gweddus hefyd byse rhoi ar bapur beth wetws e wrth Barbara Maud. Rodd hi'n rhy nerfys iddi ateb e'n ôl.

Wedi iddi ddod at 'i hunan yn iawn a dishgwl rownd, er syn-dod, rodd 'no filgi mawr melyn, a'i dafod mâs yn barod i roi cusan arall iddi. Bu bron iddi acor drws y car, a rhoi 'i thrôd ym mhen-ôl y lercyn, ond rodd e'n dishgwl mor dirion a diniwed fel y bu rhaid iddi droi 'i chefn ato, a derbyn cusan mor gariadus ar 'i boch y tro hwn a gâs neb eriôd, a medde'i gan dynnu 'i llaw yn dyner tros 'i dalcen,

"Diolch i ti am gynhesach cusan na dim gês i gan Wili Tom ni ers dyddie'n mish mêl. Ma' 'slawer dydd oddi ar hynny nawr, ond o ble dest ti, gwd boi, a beth yw dy fusnes di yn 'y nghar i?"

Ma' i'n itha gwir i Wili Tom gondemnio Barbara Maud droeon a thro am fod mor felltigedig o feius a gatel 'i char heb 'i gloi, a dyma hi nawr â milgi ar 'i llaw heb wpod beth odd i 'neud ag e'. Yn sownd wrth y coler lleter odd am wddwg y ci odd disc prês a'r gire wedi 'u scrafellu arno,

"Gwyn—Coedcae—Pentreclashes."

Rodd y Pentre fel y gelwir e ar lafar gwlad 'chydig filltiroedd tu fâs i'r dre, a dodd dim i 'neud nawr ond galw 'no a rhoi'r ci nôl yn sâff iddi berchennog. Tyddyn bychan odd y Coedcae 'ma ar lethre'r mynydd, a hewl dicon garw yn arwen ato.

"Dyma fi wedi dod â Gwyn nôl i chi'n sâff syr," medde Barbara Maud wrth ŵr y tyddyn, odd yn dicwdd bod ar y buarth ar y pryd.

"Diolch yn fawr i chi, ond nid Gwyn yw enw'r ci, ond y'n cyfenw ni fel tulu. Defi John Gwyn ydw i, a diolch i chi yn fwy na dim am ddod â'n car ni yn ôl yn sâff," atepws y dyn yn itha poleit, a gwên fawr ar i wyneb e'.

Fe ddishgwylws Barbara Maud arno fe'n hurt, a chretu bod rhwpeth bach yn *abnormal* arno fe.

"Ych car chi'n nôl, wetsoch chi? Beth ych chi'n feddwl?" gofynnws, gyta tipyn o ddowt os odd hi'n sâff wrth 'i hunan yng nghwmni'r dyn 'ma.

"Os nag ych chi'n cretu, dishgwlwch ar y rhif sy' ar ben-blân y car — BCY 360 T."

"Y nefodd fawr!"

Rodd e'n reit. Bu bron iddi gâl llewyg arall y diwrnod hwnnw. Fe âth mor welw â basned o lâth enwyn. Beth 'se'r polîs wedi rhoi *pick-up* iddi ar y ffordd, a'i chyhuddo o ddwcid y car?   Fe welws Defi John Gwyn bod hi ddim yn dishgwl yn rhy dda, a medde fe,

"Rwy i'n gweld bod rhyw gamsynied wedi cymryd lle.   Dewch i'r tŷ.   Fe wna i ddishgled o de i chi, nawr."

"Diolch i chi," atepws Barbara Maud mor shigledig ar 'i choese erbyn hyn â chwannen yn awel y gaea.   Cyn iddi ishte lawr yn reit dyma'r ffôn yn canu.   Clywwd llaish menyw gynhyrfus yn siarad ar y pen arall, ond medde Defi John,

"Pwylla nawr, Sali."

"Pwyllo, myn cythrwm i!   Car newydd wedi câl 'i ddwcid, a Josi druan ynddo fe."

"Sawl gwaith rwy i wedi dy rybuddio di byse rhwpeth felna'n dicwdd?   Pam na fyse ti wedi 'i gloi e?   O ble rwyt ti'n siarad nawr? "

"O'r polîs stesion.   Ma' nhw mâs yn whilo amdano fe nawr."

"Da iawn.   Synnwn i ddim na ddwa nhw o hyd iddo fe hefyd," atepws Defi John gyta chwerthiniad iachus.

"Rwy' ti'n swno mor ddihytans, w! "

"Gwrando nawr, Sali.   Gwêd wrth y polîs fod popeth yn iawn, a taw tipyn o nonsens, a ffoli neb yw'r cyfan.   Trw lwc, ma' dy gar di a Josi nôl yma'n sâff.   Cere i'r maes parco, a drifa car *Triumph Herald* BEU 304 T nôl 'ma.   Fe eglura'i ti wetyn. Falle bydd hyn yn wers i chi fynwod o hyn allan."

Miwn fawr amser clywwd sŵn injin BEU 304 T yn wrnu ar fuarth Coedcae, a'r stîm yn cwnnu'n gymyle ohono fe.   Pan welws Sali yr hen filgi Josi yn carlamu ati i'w chroesawu adre, rodd hi mor hapus â Jew ar 'i fôcs.

Cretwch chi fi, bu hyn yn dipyn o wers iddyn nhw'ch dwy i ofalu wetyn bod nhw'n cloi 'u ceir.   Er yr annibendod hyn i gyd ro'dd Barbara Maud wedi cyrradd sha thre miwn dicon o amser i baratoi cinio dwym o *fish a chips* rodd hi wedi brynu yn 'Bertawe ar gyfer Wili Tom.

Lloffion

Mae safon diwylliant, a gwerthoedd bywyd cymdeithas yn amal iawn i'w gweld yn amlwg yn ansawdd ei hiwmor. Ni all y bobol hynny nad oes ganddynt ymdeimlad at chwerthin byth fwynhau bywyd yn ei gyflawnder. Os yw yn wir ein bod yn taflu ein llinyn mesur tros y ddynoliaeth yn ôl safon ei moesau, mae yr un mor wir ein bod yn ei beirniadu yn ôl ei synnwyr o ddoniolwch.

Mae hiwmor yn athroniaeth bywyd, ac yn angenrheidiol bwysig, oherwydd ni cheir mewn dim arall gymaint o hunan-gyfaddefiad ag sydd mewn hiwmor parod, di-wenwyn. Megis magnet y mae yn tynnu pobol yn glosach at 'i gilydd, a mi gredaf i bod ffraethineb, a'r gallu i chwerthin yn rodd o'r nef-oedd. Dim ond y rhai hynny sydd ganddynt y synnwyr o ddi-grifwch all aros i'r bywyd hwn.

Mae gan y glöwr wendid am ffraethineb da ac y mae'r gwen-did hwnnw yn rhan o'i gryfder, ac yn help iddo fagu personol-iaeth gref i wrthsefyll anawsterau, a chaledi bywyd. Pleser o'r mwyaf ganddynt yw clywed jôc dda fel y medrant wedyn ei ail-adrodd wrth eu gwragedd a'u ffrindiau, a chwerthin yn iachus wrth ei dweud dro ar ôl tro.

Megis heulwen gynnes yn hirddydd haf ar ôl gerwinder gaeaf caled, mae ffraethineb yn medru dofi a thawelu erchyll-terau bywyd. Mae hiwmor da yn help i fagu tymer rhadlon, ac y mae rhadlonrwydd yn holl bwysig, i fagu cymdeithas, a gwerin ddiwylliedig iach.

Gadewch i ni fynd ati i gynaeafu yr ysgybau sydd yn rhaid eu casglu cyn ei bod yn rhy hwyr yn y dydd, a'u rhoi yn ddiddos dan do yn ydlan y cof a'r cadw fel y gall yr oesau a ddêl flasu o rin a mawredd cymdeithas lofaol Cwm Tawe cyn iddi gael ei chwalu ledled y byd a'r betws.

Mae llawer iawn o'r ben ffraethebau eisoes wedi eu claddu ym mynwent anghofrwydd. Piti mawr yw hynny, wrth gwrs, ac y mae cymdeithas yn gyffredinol gymaint â hynny ar ei cholled. Gadewch i ni nawr geisio achub y gweddill, a dyma rai ohonynt fel y clywais i hwy yn cael eu dweud a'u hail-adrodd gan fy nghyd oeswyr glofaol ym Mlaen Cwm Tawe. Tebyg y byddaf wedi gadael llawer i stori wreiddiol allan am na wn i ddim amdanynt, ond sydd er hynny yn hollol wybyddus i eraill o'm cyd-ardalwyr.

****

Rodd Defi John yn deip o gamblwr go iawn. Rodd e byth yn achwyn pan fyse'n colli, na gorfoleddu wrth ennill, a mor hapus â phoced wag, â phe bai'n llwythog o bapurau sofrin. Digwyddodd gael damwain go drwm yn y gwaith, a'i ofid mawr nawr oedd na fedrai fynd lawr i'r pentre i ddanfon y betiau gyda'r gwasanaeth post. Roedd e mewn gofid mawr un diwrnod am fod ceffyl "spesial" yn rhedeg, ac yntau heb gyfle i roi bet arno. Pwy ddigwyddodd fynd heibio ar y pryd ond ficer y plwyf.

"Mr Jones! " gwaeddodd Defi John ar ei ôl.

"Ie Mr Lewis? " atebodd y Ficer, gan droi yn ôl er mwyn gweld beth oedd achos y cyfarchiad.

"Wnewch chi gymwynas fach â fi, os gwelwch yn dda, Mr Jones? "

"Gyda phleser, — hynny yw, os medra'i . . . . "

"Ma' gen i bet fach yn yr *envelope* 'ma. Ma ishe'i ala bant gyta'r post cenol dydd. Fyddwch chi cystel â'i rhoi hi yn y Post? "

"Wel, bydd hi ddim yn drafferth o gwbwl, a finne'n mynd hibo'r *Post Office*," atebodd y Ficer gyda gwên ar ei wyneb.

"Diolch yn fawr i chi, Mr Jones. Bendith y nefoedd fo gyta chi, a chan ych bod chi'n ddicon caredig iddi roi'r bet yn y Post, a chithe'n Ficer y Plwy, fyddech chi cystel hefyd â chisho bendith arni ar y ffordd, os gwelwch yn dda? "

****

Gŵr ifanc yn llawn uchelgais oedd yr *under-manager* newydd ddaeth i lofa Cwm Bargoed, ac oherwydd ei ymarweddiad sarrug wrth drafod y gweithwyr, fe ddaeth yn adnabyddus trwy'r ardal fel "Shoni Bull".

Roedd hi'n arferiad gan goliers Cwm Tawe i gael "mwcyn gweld" tan ddaear yn y bore — hynny yw 'i ymgynnull at ei gilydd yn grwpiau, a chael spel ac ymgom er mwyn i'w llygaid ddod yn gyfarwydd â'r tywyllwch. Roedd hwn yn hen, hen arferiad, a bu Shoni yn ddigon uchelgeisiol ddwl i geisio torri y cwstwm yma. Roedd cwstwm tan-ddaear yn gryfach na chyfreth, a dyma'i yn streic.

Roedd e'n aelod ffyddlon yn Nghlwb Yfed y *Conservatives*, ac roedd pawb yn gwybod bod e'n brydlon yno bob nos am naw o'r gloch. Fe aeth rhai o'r bois oedd ar streic i aros amdano fe yn y tywyllwch un noswaith er mwyn rhoi curfa iddo fe nes bod e'n tasgu am ei gamweddau. Wedi bod yno yn aros am hir amser, a dim sôn am Shoni yn dod fel arfer, meddai un gan edrych ar ei wats:

"Diawch, bois! Ma'r *Bull* yn hwyr heno. Gobitho ar y Mawredd nag ôs dim wedi dicwdd iddo fe ar y ffordd, — pŵr dab, a fynte shwd *gent* o fachan! Byse'n biti, a ninne wedi aros cyd i roi croeso teilwng iddo fe."

****

Cyn dod â'r dulliau modern yma mewn i weithio gwaith glo, rodd yn ofynnol dan yr hen drefn i bob colier gadw at fesurau arbennig i ofalu bod yr aer yn trafaelu rhwng talcen a thalcen. Dyna beth sydd yn cael ei alw'n "ffordd aer" trwy'r lofa i gyd. Roedd pob colier yn cael rhyw gymaint o dâl ecstra am gadw'r ffordd aer yma, ond yn ôl barn un colier roedd y talment yn llawer rhy fach. Oherwydd hynny ni fynnai gadw at y mesurau angenrheidiol gyda'r canlyniad i'r ffordd fynd yn llawer rhy gul.

Aeth yr *under-manager* â chadeirydd y gyfrinfa gydag e trwy'r ffordd aer yma er mwyn ceisio dylanwadu ar y colier i gadw lletach lle i drafaelu trwyddo, a meddai John Bull,

"Bachan! Dôs dim dicon o le i gwrcyn ddod trw' hwn! "

Medde'r colier fel fflach:

"Pidwch sharad shwd nonsens, w. Ma' tarw wedi dod trwyddo nawr, ta beth i."

Wedi llawer o ddadlau a ffraeo heb unrhyw obaith am setlo'r dispiwt, o'r diwedd meddai'r *under-manager* wrth y cadeirydd:

"Dewch, 'newn ni ddim byd ag e. Gwastraff amser yw sharad â dyn fel hwn, os nag ôs dim yn 'i ben e."

"Clywch 'ma Shoni! 'Se'i'n bosib i droi ych *brains* chi'n inc, byse gyta chi ddim dicon i 'neud *full-stop*," atepodd y colier.

****

Pe digwyddai rhywun yn yr ardal gael dwy neu dair damwain yn y gwaith glo yn weddol agos at ei gilydd yna byddai yn cael ei gyffelybu i Wili Dai Mew. Roedd yn adnabyddus wrth yr enw hwnnw am i'w dad (a oedd yn gybydd hyd at fêr ei esgyrn) gael gofal y gath gan deulu drws nesaf tra roeddent ar eu gwyliau. Roedd dyn y llaeth wedi cael siars i roi hanner peint ar garreg y drws fel bod Dafydd Dafis i'w roi wetyn i'r gath, ond beth wnaeth Dafydd ond rhoi stop ar 'i laeth ei hunan am y pythefnos, a defnyddio hanner llaeth y gath, a rhoi dŵr am ben y gweddill i'r creadur druan. Oherwydd ei gybydd-dod fe ddaeth yn enwog trwy'r ardal fel "Dafydd Mew, Mew."[1]

Un tro fe aeth Dafydd i ffair enwog Nottingham am drip gyda coliers y gwaith. Roeddent wedi trefnu i aros mewn gwesty ac wrth gofrestru ar eu ffordd miwn roedd yna gwestiwn ar y ffurflen, *"What Nationality."*

"Nationality!" meddai Dafydd. *"Nationality!* Beth ddota'i lawr fan hyn 'te?"* a dyma rhywun yn gwaeddi o'r tu ôl:

"Dod Persian lawr, bachan diawl!"

Unig fab Martha a Dafydd oedd Wili Dai, a theg fyddai dweud i hwnnw fod llawer yn amlach yn y tŷ oherwydd damweiniau, nag yn y gwaith. Roedd Wili Dai a'i deulu wedi symud i dŷ cyngor pan ddaeth y newydd 'i fod e wedi cael damwain arall. Pan alwodd Bertie Ifans iddi weld e, roedd e yn y gwely ar y llofft yn druenus iddi glywed e'n ochain. Fe wyddai Bertie yn iawn bod Wili Dai yn awdurdod ar ffugio, a meddai hwnnw wedi cyrraedd pen y stâr yn ddigon uchel fel bod Wili Dai yn siwr o glywed,

"Mrs Davies."

"Ie, Bertie? "

"Dyma le melltigedig o letwith i ddod â corff lawr, ontefe? 'Se rhwpeth yn dicwdd i Wili Dai fydde'n rhaid dod ag e lawr ar 'yn cefne, a'i roi e yn y coffin ar wilod y stâr."

Wedi i Bertie Ifans fynd, bu Wili Dai ddim yn hir cyn bod ar y llawr yn mwynhau ei swper gyda'i deulu.

****

Roedd yr hen ŵr gwreiddiol, diniwed William Jâms ar ei ffordd sha thre o'r gwaith pan gwrddodd e â gweinidog Pisgah, a oedd eisoes wedi derbyn galwad i weinidogaethu mewn capel arall rhywle yn y wlad.

"Ma'i'n flin gen i glywed ych bod chi'n 'matel â ni, Mr Jones."

"Twt! Twt! Mr James bach," atebodd y gweinidog. "Fe ddaw rhywun arall yma'n fuan i gymeryd 'yn lle i."

"Ma' hynny yn itha gwir, Mr Jones, — ond gwyddoch chi — rwy i wedi bod yn ilod ym Mhisgah yn ddicon hir i weld sefydlu o lia dwsin o weinidogion, a gwyddoch chi beth sy'n rhyfedd? "

"Na wn i'n wir."

"Taw gwâth sy'n dod bob tro i lanw lle 'run sy'n matel â ni."

****

Rodd gwasanaeth angladd Lisa Huws trosodd, ac yn naturiol wrth gerdded allan o'r fynwent fe gydymdeimlodd llawer o hen ffrindiau Gruffydd ag e yn ei dristwch a'i ofid o golli Lisa.

"Fydd yn golled fawr i chi, Gruffydd Huws. Rodd hi shwd fenyw drefnus yn 'i gwaith bothtu'r tŷ, bob amser," meddai un wrtho.

"Odd — odd," atebodd Gruffydd mewn llais trwynol-gwich-lyd fel arfer.

"Ych chi'n gweld, Gruffydd. Ro'dd hi'n gofalu am shwd fwyd da i chi hefyd," meddai un arall.

"Odd — odd."

"Rodd rhwpeth mor lân a syper ym mhopeth odd hi'n neud."

"Odd — odd. Ych chi'n gweud itha gwir, a diolch yn fawr i chi am ych cydymdeimlad, ond cofiwch taw fi fu'n byw gyta Lisa ni am dricen mlynedd. Ro'ch chi ddim yn gwpod bod hi a'r cythrel yn dipyn o ffrindie yn amal iawn. Rodd Lisa a ynte wedi byta llawer iawn o fwyd o'r un plât, a phan fyse fe'n galw 'co, rhyw dipyn bach o *lodger* rown i, cofiwch."

* * * * * * * * * * * * * * * * * *

Dyn hunan-bwysig odd Tomos y Dŵr, — bolog fel 'se fe ar fîn rhoi genedigeth i fabi, a'i brif uchelgais mewn bywyd oedd bod yn gynghorwr sir. Mae'n wir iddo lwyddo i foddloni ei uchelgais ond rodd e heb fod ar y cyngor ond ychydig ddyddiau cyn iddo greu anfarwoldeb iddo'i hunan fel cynghorwr.

Fel mae'n digwydd bod mae'r pentre yn cael ei rannu'n ddwy etholeth gan yr hewl sydd yn codi'n raddol am tua tri chwarter milltir. Rodd etholeth Tomos ar un ochr, a Mrs Penelope Pritchard yn cynrychioli'r etholeth arall. Pan fyddai wedi bod yn bwrw'r glaw yn drwm rodd y dŵr yn llifo lawr ar hyd yr hewl, â chronni'n bwllyn dwfn yn y pant am nad oedd yno *manhole* i gymryd y dŵr. Un o addewidion Tomos i'r etholwyr oedd y byse fe'n gwneud yn siwr o gael draen addas wedi ei wneud er mwyn gwared o'r dŵr hwnnw yn y pant.

Yn y cyngor cyntaf, dyma fe ar ei draed i roi ei *maiden speech* fel cynghorwr, areth fu'n gyfrifol am roi iddo ei anfarwoldeb fel Tomos y Dŵr. Fe aeth ati i roi rhyw dipyn o ragymdarodd cyn dod at y cwestiwn mawr, holl bwysig. Rodd e' wedi cael plan o'r hewl, a meddai gyda phwysigrwydd gan godi'r plan yma'n ddigon uchel i bawb ei weld,

"Mr Cadirydd:

Wrth i chi ddishgwl ar y plan 'ma fe welwch taw hewl sy'n rhannu'r ddwy ward — ward Mrs Pritchard ar un ochor, a'r ward rwy i'n gynrychioli ar yr ochor arall gyta'r canlyniad bod dŵr Mrs Pritchard, â'n nŵr inne yn llifo lawr ar hyd yr hewl am tua hanner milltir, a chymyscu â'i gilydd yn y pant nes 'neud pwllyn yn iawn 'na. Dyw hi ddim yn beth neis iawn gweld pobol yn gorffod padlo trwyddo hyd 'u penole wrth gisho croesi'r pwll-yn sy' shwd gymyscwch o'n dŵr ni'n dou," a chan droi at Mrs Pritchard. "Rwy i'n sicir bod Mrs Pritchard yn cyd-fynd â fi wrth weud bod gyta ni'n dou, ar adege, shwd ddŵr ofnadw nes bod hi'n lletwith, a diflas i bawb. 'Runig opeth i wella'r sefyllfa druenus ydi câl *manhole* a *drain* arall wedi 'i neud yn y pant 'ma sy' yn yr hewl."

Fe deimlodd Mrs Penelope Pritchard fel stwffio blaen yr ym-brelo oedd yn ei llaw hi lawr i geg Tomos er mwyn rhoi taw arno, tra roedd gweddill y cynghorwyr yn cael hwyl a sbri. Fe aeth sôn am araith Tomos fel tân trwy wellt, a 'doedd neb yn ei adnabod yn y cwm 'co byth wedyn ond fel Tomos y Dŵr. 'Does dim rhaid i mi ddweud iddo lwyddo yn ei ymgais.

****

Yn ystod y tri-degau yn adeg y dirwasgiad mawr bu rhaid i Evan John fel llawer eraill ymfudo i Loegr i chwilio am waith. Mewn ychydig ddyddiau daeth llythyr i ddweud iddo gael job mewn crematorium yn Llundain. Pan ofynnodd y fenyw drws nesaf i'w fam os oedd Evan wedi cael gwaith.

"Oti wir. Ma' e wrth 'i fodd hefyd."

"Beth ma' e'n 'neud? "

"Gwitho miwn crematorium, a châl 'i dalu'n dda am losci Saeson."

****

Teimlodd Howard Desmond yn reit swil wrth ofyn i'w ddar-par dad-yng-nghyfreth am ganiatâd i briodi ei ferch Elizabeth Jane.

"Rwyt ti ddim yn meddwl fyse' i'n well i ti aros am spel 'to," atebodd y tad. "Rwy i'n ofni na alli di mo'i chatw hi yn y modd y ma'i wedi arfer ag e."

"Ma' Elizabeth Jane a finne wedi sharad tipyn ar y mater. Ma hi wedi gweud y gall hi ymdopi yn iawn ar 'y nghyflog i."

"Itha da, ond cofia di, machgen i, 'falle daw un bach ecstra i'r tulu, a dyna ti, mwy o gost wetyn."

"Ma' hynny'n wir," cyfaddefodd Howard Desmond, a meddai wetyn yn reit ddifeddwl. "Ond yn 'yn wir Mr Jones, chretwch chi ddim pwy mor lwcus ŷn ni wedi bod hyd yn hyn."

* *

Rhyfedd fel y gall aelodau o'r un teulu amrywio yn eu doniau a'u diddordebau. Wrth gwrs bu rhaid i'r tri brawd o dyddyn bach Tŷ Isha gychwyn ar eu gyrfa yn y gwaith glo fel eraill o fobol ifanc yr ardal. Yn fuan aeth Bryn, y brawd hynaf i'r wein-idogaeth, a thyfodd yn un o bregethwyr enwocaf yr enwad. Roedd yr ail frawd wetyn yn gerddor gwych — yn arweinydd y côr lleol, a chymanfaoedd trwy Gymru, ond am Dafws, fedre fe ddim darllen pennod o'r Ysgrythur nac emyn am ffortshwn, na chanu dau nodyn mewn tiwn.

Eto o'r tri brawd, enw Dafws Tŷ Isha sydd amlycaf hyd heddi ar dafod gwerin glofaol Cwm Tawe oherwydd ei ddoniolwch dihafal, a'i dalent arbennig i heclo siaradwyr cyhoeddus. Mae'r grefft o heclo wedi marw allan yn llwyr erbyn heddi, — yn wir, mae cyfarfodydd cyhoeddus bron â mynd hefyd.

Adeg etholiad cyffredinol oedd hi, ac fe ddaeth Arglwydd Hwn-a-Hwn i siarad tros ymgeisydd y Torïaid i'r Neuadd Lês. Gŵr mympwyol iawn, ac yn ymffrostio yn ei uchel drâs.

"Do you know that my great grandfather was Baron So-and—So, and my grandfather was Baron So-and-So, and my father was Baron . . . " a chyn iddo gael y cyfle i ddweud gair pellach dyma lais main, sopranaidd Dafws yn gweiddi o'r tu ôl,

"Pity that your mother wasn't a barren too! " a dyna chwer-thin mawr a stampio traed trwy'r neuadd.

Tro arall daeth Sais lawr 'co i siarad ar ran ymgeisydd Llafur Fe geisiodd hwnnw fod yn llawer mwy diplomatic trwy agor ei araith yn annog pob Cymro i fod yn deyrngar i'w iaith a'r genedl, fel roedd e bob amser heb arno gywilydd i ddangos taw Sais oedd e.

"Gentlemen, — I was born an Englishman, I have lived an Englishman, and I shall die an Englishman," a dyma'r un llais main eto yn gweiddi:

"Man alive!   Haven't you got no ambition, w? "

Fel bysech chi'n disgwyl bu'r cyfarfod ar stop nes i'r cadeirydd alw am ddistawrwydd. Roedd yn arferiad yr adeg honno, pe digwyddai siaradwr fod yn hwyr yn cyrraedd cyfarfod, roedd yn bwysig bod y gynulleidfa yn cael eu cadw mewn hwyl dda. Y ffordd o wneud hynny oedd cael rhywun ymlaen i ganu'r piano, a chael y dorf i ganu; a dyma Dafws bach yn gweiddi:

"Sing the piano, mun!   Sing the piano, w! "

Mae llawer iawn yn ychwaneg o ffraethebion Dafws Bach ar gôf gwerin Cwm Tawe, ond rhaid troi at ddywediadau eraill glowyr y fro.

****

Roedd hi'n gêm fawr, a chwpan Cynghrair Gorllewin Cymru yn y fantol. Felly doedd neb yn disgwyl gêm agored, ond brwydr galed rhwng y blaenwyr heb fawr o dechneg, a llawer o *beef*. Meddai capten un o'r timau, pan oeddent yn y 'stafell wisgo, a pharatoi i fynd allan ar y cae,

"Cofiwch bob un ohonoch os na fedrwch chi gico'r bêl gofalwch y'ch bod chi'n gadel marc y'ch scidie ar y tîm arall. Nawr 'te — ble ma'r bêl 'na? "

"Anghofia'r blydi bêl," meddai un o'r chwaraewyr mwyaf brwdfrydig. "Dere i ni fynd 'mlân â'r gêm, w."

****

Ychydig ddyddiau cyn y diwrnod mawr, a phopeth wedi cael ei baratoi ar gyfer y briodas fe synnwyd Josh Owen o glywed ei ferch Brenda yn sôn am dorri'r dyweddïad a rhoi stop ar y paratoadau i gyd.

"Pam? Beth sy'n bod? " gofynnodd Josh mewn tipyn o benbleth i Brenda.

"Chi'n gweld dadi. Ma' e'n anffyddiwr ronc a hyd yn ôd ddim yn cretu miwn uffern, w."

"Diar mi! Paid â gatel hynny dy flino di. Gwêd wrtho fe am ddod yma i fyw am spel, a rhwng dy fam a ti, fydd e ddim yn hir cyn newid 'i farn! "

****

Aeth y newydd fel tân gwyllt trwy'r ardal fod Dai Hwmffre a Wili Rogers wedi cael eu cau i mewn gan gwymp mawr yng ngwaith glo Cwm Bargoed. Bu'r coliers am ddeuddydd, ddydd a nos, yn clirio'r rhwbel, ac erbyn hyn roedd yn argyfwng ar y ddau am aer, a thipyn o nwy yn dechrau cronni. Roedd Dai Hwmffre (a fu dipyn yn afradlon yn ystod ei oes) yn sylweddoli na fedrai ddal yn llawer hwy, ac yn dechrau cydnabod ei oferedd, ac yn tyngu ar ei lw os câi'r fraint o gael ei achub y byddai yn sicr o dreulio gwell bywyd o hynny ymlaen. Dyma Wili Rogers yn gweiddi arno:

"Pwylla nawr, Dai. Paid 'neud dim *commitments* am dipyn bach. Rwy i'n meddwl 'mod i'n gweld gole yn y pellter yn dod mlân."

****

Roedd pawb yn gwybod i Catrin Ann fod yn wraig dda i Bili Josh, ac iddo yntau fod yn ŵr da iddi hithau hefyd, ond roedd ei gyrfa hi ar wyneb y ddaear yma yn gyflym ddirwyn i ben. Roedd Bili yn eistedd ar draed y gwely yn drist pan dorrwyd ar draws y distawrwydd llethol gan Catrin,

"Bili! "

"Ie Catrin fach."

"Pe byddwn i farw, shwd rwyt ti'n meddwl y gallet di ymdopi wetyn? "

"Nawr, Catrin. Paid â sharad felna. 'Se rhwpeth yn dicwdd i ti fe elwn i'n ddwl."

"Prote ti 'to, Bili? "

"Catrin Ann! Rwy i'n synnu fod ti'n meddwl mod i mor ddwl â hynny, hefyd."

****

Fe gafodd Isaac Jâms ddamwain fawr. Wedi i'r coliers ei gario adre, ac i'r meddyg a'r cymdogion ei ymolch a'i roi yn y gwely, meddai wrth Marion ei wraig,

"Paid anghofio, Marion, fod ar Jac Penllwyn ddeg punt i fi."

"Druan ag e," meddai Marion gan droi at ei chymdogion oedd yno yn cydymdeimlo â hi yn ei thristwch a'i gofid. "Ma' e'n reit sensibl hyd y dwetha hefyd."

"A chofia hefyd," meddai wedyn, "Fod arno i ugen punt i Wiliams y Ffirad am fenthyg y Neuadd i gynnal drama."

"O druan bach i! Ma' e'n drysu'n ofnadw nawr! "

****

Heblaw gofalu am Dic ei gŵr roedd gan Beti Bifan hefyd dri o grots mwyaf drygionus, ac yn amal iawn byddai yn eu rhegi a'u melltithio nes bod nhw'n dofi a thawelu tipyn. Ond pan fyddai 'r gŵr drws nesaf yn colli ei amynedd a chael ambell i bang o regi, yna Beti fyddai'r cyntaf i'w gondemnio:

"Nawr, Jacob Williams, dwy i ddim yn lico'ch clywed chi'n reci felna. Ma' e'n beth mor anweddus, w."

"Byddwch chi'n dawel, da chi. Beth amdanoch chi'n rheci'r crots na sy gyta chi? "

"O! Chi'n gweld Jacob, rhwpeth bach at iws tŷ yw peth felna."

Roedd yn wybyddus i bawb nad oedd pethau ddim yn dda rhwng Twm Sami a'i fam-yng-nghyfraith, a fel bysech yn disgwyl mewn gwaith glo, roedd yna lawer iawn o dynnu ei goes oherwydd hynny. Pe digwyddai rhywun fod yn absennol, yna fyddai rhywun yn siwr o holi yng nghlyw Twm:

"Ble ma' hwn-a-hwn heddi 'te bois? "

"Ond clywest ti ddim."

"Naddo i . . . . wir."

"Ond ma' e'n claddu 'i fam-yng-nghyfreth, bachan."

Yna byddai Twm yn siwr o dorri i mewn gyda llais llefen,

"Wel! Wel! Ma' pobun yn fwy lwcus na fi. Fydd honco sy' gen i fyw pan fydd hyd yn ôd y cythrel 'i hunan wedi marw."

Meddai Twm Tir-Waun un bore lawr tan ddiar pan oeddent yn cael "macyn gweld" cyn mynd ymlaen at eu gwaith,

"Wel bois! Rhaid i fi gyfadde' mod i yn un o'r dynion hapusa yn y cwm 'ma."

"Pam hynny Twm? " gofynnodd Rhywun.

"Rhaid i fi 'weud bod gen i un o'r mame-yng-nghyfreth gore yn y wlad."

"Dôs dim rhyfedd bod ti'n hapus, myn cythrel i, os taw yn y wlad ma' hi'n byw. Ma'r diawl 'co'n byw drws nesa' i fi."

Un o gymeriade mwyaf gwreiddiol ddigri ddaeth i'r ardal 'co erioed o Gwm Rhondda oedd Ted Hwmffrey. Wrth daflu'n meddwl yn ôl tros ysgwydd y blynyddoedd a chofio am y ffair ddefaid ar y Plain 'slawer dydd, fe ddaeth ffarmwr â rhyw ddwsin o ŵyn i'w gwerthu yno. Dyma Ted yn eu gweld,

"Beth yw rhain sy' gyta ti, Dai? " gofynnodd yn acen fain Cwm Rhondda.

"Cwpwl o wyn bach, — gwilod y stoc," atebodd hwnnw yn reit ddiniwed.

"Wyn bach, min iffern i. Byse rhaid doti dou o rhein yn y sospan cyn cele dyn besnad o gewl decha."

Ganwyd Helen Ann i deulu uniaith Gymraeg ar fferm Neuadd Las, a theg fyddai dweud iddi dreulio llawer iawn mwy o'i hamser pan yn ferch ifanc yn y beudy gyda'r gwartheg, yn eu bwyda, a'i godro, a charthu, nag yn y tŷ. Digon anniben oedd hwnnw yn aml.

'Doedd dim byw na bywyd, roedd Helen Ann am adael y fferm am fywyd llawer mwy rhamantus yn Llundain. Felny y bu, a chafodd swydd mewn siop ddillad mynwod yno. Wedi bod yno am tua tri mis, fe ddaeth yn ôl am dro i'w hen gartre yn *airs and graces,* ac yn swanc i gyd, gyda'r acen fwyaf Seisnigaidd glywodd neb erioed, *Real Cockney twang;* a meddai wrth ei mam druan na fedrai air o Saesneg:

"O mami! I can hardly say 'buwch' in Welsh now."

Tua'r un adeg fe ddaeth William Huw nôl i'r ardal am dro o'r America. Aeth ei rieni allan pan oedd William Huw ond crwt ysgol. Dringodd i un o'r swyddi uchaf ym Mhrif Goleg Chicago ac yn rhyfedd iawn medrai'r Gymraeg heb unrhyw lediaith Americanaidd o gwbl. Roedd pawb yn rhyfeddu, a dywedodd rhywun wrtho am Helen Ann oedd wedi bod yn Llundain am dri mis,

"Ha! " atebodd William Huw. "Dyna chi enghraifft wych o gâs cloc o berşon, yn dishgwl yn reit atyniadol o'r tu-fas, ond yn hollol wâg o'r tu-fewn."

Roedd Josh Hopcyn yn Annibynnwr i'r carn, hyd ddiwedd ei oes. Yn ei awr olaf cyn ymadael â'r fuchedd hon teimlodd y carai glywed gair o'r Ysgrythur yn cael ei ddarllen a gweddi fach yn cael ei llefaru trosto. Roedd yn noson felltigedig o arw a danfonodd am y ffeirad oedd newydd ddod i'r ardal.

Dyma hwnnw yn dod ar unwaith, a wedi dod i ben â'r gwasanaeth meddai,

"Rwy i heb sylwi ar ych enwau fel tulu ar lyfyr yr Eclws 'co."

"Na, na," atebodd Josh yn ei lesgedd. "Ŷn ni fel tulu yn hen,

hen ilote yn Sardis."

"Wel! Wel! Yn enw'r Mawredd! Pam na fysech chi'n danfon am winitog ych hunan 'te? "

"Beth? Danfon am Mr Morgan ar shwd nosweth ofnadw â heno? Diar mi! Fyse'n ddicon am 'i fywyd, druan."

****

Roedd Sarah Phillips yn un o ffyddloniaid yr achos yng nghapel Horeb, ac roedd William ei gŵr yn gyfrannwr cyson, ond yn fawr o gapelwr. Mewn gwirionedd roedd e'n llawer iawn mwy o awdurdod ar geffylau rhasus nag oedd e ar ddim ysgrythurol.

Roedd y Parch Cadwaladr Ifans, B.A., B.D., eisiau help William i wneud rhyw job bach o gylch y Mans, ac fe alwodd yno un diwrnod tra ar ei daith fugeiliol.

"Hylo 'ma, Mrs Phillips . . . . "

"Hylo Mr Ifans. Dewch miwn."

"Diolch yn fawr. Rwy i wedi galw i weld William. Oti e'n 'neud rhwpeth heddi? "

"Wel! Yn wir, Mr Ifans. Fe wetws rhwpeth wrtho i hefyd am y rhas 'na am dri o'r gloch, ond fedra i yn ym myw â chofio enw'r ceffyl."

****

Mae yn wir ein bod ni gyd yn rhwym wrth reddf etifeddiaeth, ond mae'n rhyfedd fel mae hi'n amlygu ei hun yn llawer cliriach mewn ambell i deulu na'i gilydd. Mae rhai teuluoedd yn gerddorion o ach i ach, eraill yn llenorion, eraill yn fabolgampwyr o fri, ond am y Gwernosiaid, roeddent yn gybyddion o genhedlaeth i genhedlaeth. Medrent yn hawdd fyw yn foethus yn ôl eu safonau nhw, lle byddai hyd yn oed Iddewon wedi newynu.

Roedd pawb wedi synnu clywed bod cymaint â deugain o wahoddedigion ym mhriodas Gwennie Maud, merch hynaf Tomos a Marged Gurnos ond fel y dywedodd rhyw Sais,

"There was method in their madness". Sylwyd taw dim ond bobol briod oedd yno i gyd, a phan ofynnodd rhywun,

"Wel! Pam yn y byd taw dim ond pobol briod ŷch chi wedi wahodd i'r wledd 'ma? Lle i ddynon ifanc i fwynhau 'u hunen yw priotas bob amser."

"Os oti pawb sy' ma'n briod, yna ma'r presante i gyd yn broffit wedyn," atebodd Tomos yn wên o glust i glust. "Bydd dim ishe talu nôl i neb, a dyna beth yw neud hyd yn ôd priotas yn fusnes."

****

Un o'r cymeriadau doniolaf ddaeth o Gwm Rhondda erioed i'r ardal 'co oedd Bili Penwyn. Labro roedd Bili yn dicwdd wneud ar y pryd yng nglofa Ynyscedwyn. Roedd e wedi cael ordors gan ffeiarman i fynd i ddatlwytho tram o rwbish, a'i daflu i fan fydden ni yn ei alw'n "gob", ond ar gychwyn y job fe dorrodd goes y rhaw. Fe aeth ati i ddatlwytho'r tram â'i ddwylo, a phan ddaeth y swyddog i chwilio amdano tua diwedd y shifft dyma beth welodd wedi ei ysgrifennu ar ochr y dram, a Bili druan yn gorwedd gerllaw:

> *Dyma fi am fod mor ddiprish*
> *Yma'n gobo;*
> *Wedi styrjo dram o rwbish,*
> *Ar fy nwylo:*
> *Torras gôs y rhaw wrth ddechra,*
> *Fel caritshan,*
> *Prish y côs yw deg a dima,*
> *Ble caf arian?*

> *Yn y gob yn bymtheg dwbwl*
> *Megis corcscriw:*
> *Bron â chrasu yn fy nhrwpwl,*
> *Chwysu dilyw,*

Hen bothelli mawr a chwta,
    Ar fy nwylo:
Cefan tost, a llwngc fel shimla
    Wedi danto.

****

Rodd Bili Penwyn — Isaac Thomas — a Dai'r Henglyn yn hen
ffrindiau, a'r tri yn gweithio yng nglofa Ynyscedwyn. Rodd
Penwyn yn ddyn o awdurdod ar ganu'r acordian. Un nos
Sadwrn âth â'r offeryn gydag e i dafarn y Bont er mwyn cael
tipyn o hwyl ar ganu yno, ond fe âth Isaac a Dai i dreio'u llaw ar
'i ganu, ac fe dorrwyd yr offeryn yn y broses, a dyma fel y can-
odd Penwyn am y ddau fu mor esgeulus:

Isaac Tomos a Dai'r Henglyn,
Wedi smasho 'cordian Penwyn,
Brwa'r "stops" a thorri'r fecyn
'Na shwd ddiawled sy' ngwaith 'Scedwyn.

****

Cyfrifid Joe Bifan yn un o fridwyr *bull terriers* gorau'r wlad,
ac enillodd droeon yn siew fawr Crufts. Pan fyddai galw am-
dano i adael cartre ambell ddiwrnod, yna byddai'r hen Jaci Pen-
twyn wrth law i ofalu, ac edrych ar ôl y cŵn.

Cymeriad gwreiddiol iawn oedd Jaci, ond yn dioddef yn arw
ers peth amser o ddiffyg anadl *("Collier's Asthma"* wrth gwrs, yr
adeg honno).

Gwidman oedd Jaci, a'i unig ferch, Meri Helen, yn gofalu
amdano, ac fel byddech yn disgwyl roedd amgylchiadau bywyd
yn ddigon teit arnynt.

Un diwrnod bu rhaid i Joe Bifan a'i deulu adael cartre yn
gynnar iawn i fynd i angladd tylwythyn iddo, a chymerwyd
gofal o'r lle gan Jaci. Pe ddigwyddai rhywun ddod yno â gast
er mwyn cael *service* un o'r cŵn, fe wyddai Jaci beth oedd y

pris i ofyn — £7 am *service* y *champion* — £5 am yr ail *champion,* a £3 am y ci ifanc oedd eto heb ennill.

Yn fuan iawn wedi i'r teulu adael am yr angladd fe ddaeth Llew Cwm Gors yno, a gofyn am weld Joe Bifan. Roedd yn amlwg ei fod mewn tipyn o benbleth meddwl. Atebodd Jaci nad oes eisiau iddo fod mewn shwd anniddigrwydd ac mae pris am *service* y cŵn oedd £7, £5 a £3.

"Dw i ddim wedi dod 'ma i siarad am fusnes y cŵn 'ma, ond am rwpeth llawer mwy gofidus. Rwy' i am weld Joe Bifan ambothtu'r bachan Dai 'ma sy gyta fe."

"Beth sy'n bod? " gofynnodd Jaci yn ddiniwed.

"Ma'r groten Elin 'co sy gen i, yn mynd i gâl babi wrtho fe."

"O wel! Mae'n flin gen i," atebodd Jaci. "Alla'i ddim gweud beth ma' Joe yn gwnnu am *service* Dai."

****

Bwrdwn y ddadl tan-ddiar un bore Llun oedd "Dyn Perffaith". Er fod enwau seintiau mawr y ganrif yn cael eu trafod, y farn gyffredinol oedd taw dim ond y Gwaredwr ei hunan oedd yr unig un perffaith.

"Na — na," meddai Jas Fransis. "Ry' chi gyd yn rong."

"Pwy 'te? " gofynnodd rhywun.

"Gŵr cynta Marged Helen, w. Dyna chi ddyn perffeth i chi. Ma' hi'n gweud yn amal na cele'r gwynt ddim wthu trosti gyta hwnnw, ond amdano i fe gele stîm-roler fynd trosti, a synnen i ddim na fyddwn yn gwiddi ar y dreifar — 'Drive on regardless'."

****

Doedd dim dowt nad oedd Mr Morris Mathews, J.P. yn un o wŷr "boddicions" Blaen Cwm Tawe. Roedd yn berchen ar ddau bwll glo oedd yn cynhyrchu yn dda ar y pryd, yn Eglwyswr selog, ac yn flaenllaw ym mywyd cyhoeddus y cwm 'co.

Bob dydd Llun a dydd Mawrth roedd Meri Helen, merch

Jaci Pentwyn yn dod i helpu ei chwaer Elizabeth, a oedd yn cadw tŷ iddo, gyda'r golchi a'r glanhau, ond fe ddaeth Morris Mathews, J.P. a Meri Helen yn dipyn mwy cyfeillgar na meistr a morwyn, gyda'r canlyniad i bethau fynd yn llethwhith rhyng-ddynt. Pan ddarganfyddodd Meri Helen fod hi'n mynd i gael babi, fe wylltiodd y gŵr parchus ar unwaith, a danfonodd am ei thad er mwyn iddynt ddod i ryw delerau.

"Ma'i'n flin gen 'i am rhyn sy' wedi dicwdd rhyngddo fi a Meri Helen," meddai'r J.P. yn wylaidd. "A rwy i'n siwr ych bod chi'n sylweddoli na fedra'i byth mo'i phrioti hi, ond rwy i'n fod-lon talu iawndal am y digwyddiad lletwhith. Rwy i'n fodlon gosod tair mil o bunne yn y Banc ar *trust* ar gyfer y gost o facu'r babi — mil a hanner i Meri Helen fel iawn, a phump cant i chithe ar yr amod ych bod chi'n catw popeth yn hollol, hollol ddistaw oddi wrth y cyhoedd pwy yw'r tad. Os dicwdd i fi glywed gair yn câl i sibrwd gan rywun tu fâs am y fusnes 'ma, 'na bydd yr holl iawndal yn câl 'i ddiddymu."

Roedd yr 'rhen Jaci druan wedi cael ei syfrdanu wrth glywed fod y dyn yma yn barod i dalu y fath swm enfawr o arian. Fe addawodd y byddai yn cadw popeth yn ddistaw, ac hefyd ar ecspens Mr Mathews byddai Meri Helen yn mynd bant i Loegr i roi genedigaeth i'r babi.

Pan roedd Jaci ar fynd allan o'r ystafell yn reit hapus ar y cytundeb, meddai gan droi at Mr Morris Mathews, J.P.,

"O, Mr Mathews! Ga' i ofyn un peth bach arall i chi, os gwelwch yn dda? "

"Cewch, — cewch. Beth yw hwnnw? "

" 'Se Meri Helen yn dicwdd colli'r babi, fysech chi'n folon treio 'to? "

* *

Cyfnod caled odd y tri-dege. Dodd dim yn spâr gyta neb; ond wedi i Shoni Jeff ddod yn fanajer i waith glo Cwm Bargod fe âth pethe'n wâth byth. Un bach o gorff odd Shoni, ond twmpyn o uchelgais am neud enw iddo'i hunan yng ngolwg perchnogion Cwm Bargod. Yr union ffordd i neud hynny,

wrth gwrs, odd câl cyment byth o waith am cyn lleied byth o
dâl am hynny.

Dodd dim dowt nag odd Defi Twm yn withwr da, ond mor
benstiff â mwlsyn, os na fyse'r tâl yn iawn yn ôl 'i farn e am y
gwaith odd e wedi'i neud. Wetyn byse'n ffwl-stop ar unweth, a
ofer odd cisho dadle fel arall ag e.

Yn y cyfamser bu farw un odd yn gyd-withwr i Defi Twm.
Er mwyn rhoi tipyn o help ariannol i'r witw a'r plant, gwnaeth-
pwd casgliad yng nglofa Cwm Bargod.

"Beth wyt ti am roi? " gofynnws un o'r casglwyr i Defi Twm.

"Beth ma' pawb yn rhoi? "

"Rhwpeth lan i swllt."

"Cere, a dishgwl ym mhoced 'y nghot i nôl ar y rhewl 'na. Fe
ffyndi di arian 'no."

"Dim ond pishin douswllt sy 'ma Twm," medde'r casglwr
wedi iddo ddod o hyd i'r arian.

"Do's dim gwanieth. Catw'r swllt arall a cladda'r blydi
manager hefyd. Os bydd e 'ma lawer 'to, bydda inne ddim yn
hir cyn mynd i'r fynwent hefyd."

Mae'n arferiad yn y diwydiant glo fod docet yn câl 'i roi allan
bob dydd Iau i bob gwithwr, yn dangos faint fydde'i enillion am
'rwythnos. Wrth gwrs dydd Gwener yw dwrnod pai, ond nôl
chwedl y coliers, dydd Iau yw *"Jib Day"* —dwrnod y gwyneb
hir wrth weld nad odd y pai ddim wrth 'u bodd nhw. Wrth gwrs
pwrpas y docet 'ma ydi bod y sawl sy'n dicwdd bod â chamsyn-
ied yn 'i bai e am yr wthnos yn mynd nôl at y *manager* ac yn
unioni y camwri.

Pan welws Defi Twm y docet, faint fydde'i enillion am yr
wthnos, fe âth yn wenfflam, a nôl ag e ar unwaith i weld Shoni
Jeff. Fel bysech chi'n dishgwl, o ddadle fe âth yn ffra' wyllt.

Rodd yn dra wybyddus fod Lisa Potshi, chwâr Shoni Jeff, yn
gymeriad go rywiol, ac yn or-hoff o ddynion. Rodd hi ishws
wedi cal un plentyn anghyfreithlon, ac yn syndod na fyse'i wedi
câl chwaneg.

Wedi hir ffraeo, dodd Shoni Jeff yn neud dim sylw o
Defi Twm, a medde hwnnw wrtho o'r diwedd, wedi colli'i
amynedd yn llwyr:

"Rwyt ti'n fachan duwiol ar y Sul lan yn Pisgah —yn gariad i gyd— ond mor fên â'r diawl yng ngwaith Cwm Bargod dydd Llun. Clyw! Rwyt ti ddim hanner mor biwr â Lisa dy wâr. Fe wele'r lle 'ma ishe Lisa, ond amdano ti —fydd y band mâs pan fyddi di'n mynd." A bant âth Defi Twm.

Reit godderbyn â Chwm Bargod ma'r hewl sy'n arwen i dop y Cwm. Pan ddath Defi Twm mâs o swyddfa Shoni Jeff yn llond dicter, rodd 'na dyrfa yn drwch ar yr ochor.

"Beth sy'n bod 'ma? " gofynnws Defi Twm.

"Ma 'na ddamwen wedi dicwdd. Ma car wedi bwrw rhywun lawr, a ma nhw ffili'n lân â stopo'i wâd e," atepws rhywun.

"O! Clywch! " gwiddws Defi Twm yn uchel fel bod pawb yn 'i glywed e. "Dangoswch y papur pai 'ma iddo fe," medde fe gan chwifio'r papur yn 'i law. "Fe stopiff hwn 'i anal e gyta'i wâd e. Cerwch moin Shoni Jeff w. Dyna chi *expert* ar roi stop ar bopeth i chi."
